La lucha contra el odio antijudío y los pogromos en la época imperialista

La lucha contra el odio antijudío y los pogromos en la época imperialista

Lo que está en juego para la clase trabajadora internacional

V.I. LENIN
LEÓN TROTSKY
FARRELL DOBBS
JAMES P. CANNON
JACK BARNES
DAVE PRINCE

Pathfinder
NUEVA YORK LONDRES MONTREAL SIDNEY

Editado por Dave Prince, Steve Clark, Mary-Alice Waters
Texto en español a cargo de Martín Koppel

ISBN 978-1-60488-173-8
Número de Control de la Biblioteca del Congreso
(Library of Congress Control Number): 2024938007
Impreso y hecho en Estados Unidos de América
Manufactured in the United States of America

Primera edición, 2024

DISEÑO DE LA PORTADA: Toni Gorton

FOTOS DE LA PORTADA:

IZQUIERDA: Polonia, 1943. Tras aplastar una rebelión de judíos en el Gueto de Varsovia, tropas de asalto nazis detienen a mujeres, niños y hombres judíos para enviarlos a campos de exterminio. (Museo del Holocausto de Estados Unidos).

DERECHA: Franja de Gaza, 7 de octubre de 2023. Matón de Hamás agarra a Naama Levy, de 19 años, una de los 240 rehenes tomados ese día en el sur de Israel. Unas 1,200 personas fueron asesinadas y miles quedaron heridas en el pogromo dirigido por Hamás.

PATHFINDER
www.pathfinderpress.com
Email: pathfinder@pathfinderpress.com

TABLA DE MATERIAS

TABLA DE MATERIAS AMPLIADA

FOTOS E ILUSTRACIONES

SOBRE LOS AUTORES

V.I. LENIN

V.I. Lenin (1870–1924) fue el dirigente central del Partido Bolchevique, que dirigió a los trabajadores y campesinos a tomar el poder en octubre de 1917, en la primera revolución socialista del mundo. Fue presidente del gobierno revolucionario en la Unión de Repúblicas Socialistas Soviéticas desde su fundación en 1922 hasta que él falleció.

Lenin fue el dirigente fundador de la Internacional Comunista, que impulsaba el desarrollo de partidos proletarios a nivel mundial, partidos capaces de emular lo que el pueblo trabajador en Rusia había logrado al conquistar el poder estatal.

Antes de tomar el poder, el Partido Bolchevique, bajo la dirección de Lenin, estuvo en las primeras filas de los que combatían los pogromos organizados por el odiado régimen zarista. Tras la victoria en octubre, ellos aplicaron decididamente su programa para garantizarles a todas las nacionalidades oprimidas, incluidos los judíos, el derecho a la autodeterminación. El Partido Bolchevique condujo al gobierno revolucionario y al Ejército Rojo a derrotar los ejércitos contrarrevolucionarios organizados por las potencias imperialistas. Cumplieron su promesa de usar todos los medios necesarios, incluyendo la movilización del

Ejército Rojo, para defender los poblados judíos contra los cosacos y otros ejércitos contrarrevolucionarios pogromistas y "cortar de raíz el movimiento antisemita".

En el último año de su vida política activa, Lenin dirigió la lucha en el seno del Partido Comunista de la Unión Soviética contra la trayectoria política contrarrevolucionaria de las crecientes capas pequeñoburguesas y emergentes capas burguesas que José Stalin llegó a representar.

LEÓN TROTSKY

León Trotsky (1879–1940) formó parte de la dirección central forjada por el líder bolchevique V.I. Lenin que organizó la conquista revolucionaria del poder por los trabajadores y campesinos de Rusia en octubre de 1917.

Entre sus responsabilidades directivas después del triunfo revolucionario, Trotsky comandó el Ejército Rojo, el cual derrotó a las tropas contrarrevolucionarias, expulsó a las fuerzas invasoras de 16 países y defendió a los judíos de los pogromos dirigidos por contrarrevolucionarios durante la guerra civil en 1918–1920.

Trotsky fue uno de los dirigentes fundadores de la Internacional Comunista en 1919. Tras la muerte de Lenin en 1924, dirigió a los comunistas en la Unión Soviética y a nivel mundial que lucharon por mantener la trayectoria proletaria internacionalista de Lenin. Él continuó esa lucha desde el exilio tras ser deportado en 1929 por la mayoría antileninista, encabezada por José Stalin, en el gobierno de la Unión Soviética.

En 1938, en conjunto con la dirección del Partido Socialista de los Trabajadores en Estados Unidos, Trotsky redactó el programa del movimiento mundial que él dirigía. Conocido como el Programa de Transición, fue adoptado ese año en la conferencia fundadora de la Cuarta Internacional.

La lucha contra todo tipo de chovinismo, "especialmente el antisemitismo, debe ser parte del trabajo cotidiano" de todas las secciones de ese movimiento, escribió Trotsky. "Nuestro lema básico sigue siendo: ¡Trabajadores del mundo, uníos!"

En 1940 Trotsky fue asesinado en México por la policía secreta de Stalin.

FARRELL DOBBS

Farrell Dobbs (1907–1983), secretario nacional del Partido Socialista de los Trabajadores de 1953 a 1972, surgió de las filas del sindicato de camioneros Teamsters como uno de los dirigentes centrales de las batallas que transformaron el movimiento sindical durante la Gran Depresión.

Dobbs fue dirigente de las huelgas de 1934 que convirtieron Minneapolis en un baluarte sindical y de la campaña de sindicalización que incorporó a un cuarto de millón de camioneros de larga distancia a los Teamsters en la región central del país.

A finales de los años 30, cuando grupos partidarios del fascismo empezaron a surgir por todo Estados Unidos, los

Teamsters de Minneapolis sentaron un ejemplo a nivel nacional al organizar una guardia de defensa obrera. La unidad —integrada por 600 voluntarios de sindicatos en esa localidad, preparados y entrenados por veteranos militares— defendió exitosamente las sedes sindicales y organizaciones judías contra ataques de matones fascistas.

Durante la Segunda Guerra Mundial, Dobbs y otros dirigentes con perspectiva de lucha de clases, quienes estaban haciendo propaganda a favor de un partido obrero basado en los sindicatos y que estaban organizando la oposición obrera a los objetivos bélicos de Washington, fueron encarcelados en prisiones federales bajo cargos fabricados por los gobernantes imperialistas norteamericanos. En 1940 Dobbs renunció como organizador general en la plantilla nacional de los Teamsters para asumir la responsabilidad de secretario sindical del Partido Socialista de los Trabajadores. Fue cuatro veces candidato del PST a presidente de Estados Unidos.

JAMES P. CANNON

James P. Cannon (1890–1974) nació en Rosedale, Kansas, y se incorporó al Partido Socialista a los 18 años. Organizador itinerante de los Obreros Industriales del Mundo (IWW) antes y durante la Primera Guerra Mundial, así como dirigente del ala izquierda proletaria del Partido Socialista. Fue uno de los dirigentes fundadores del movimiento comunista en Estados Unidos, que luchaba para emular lo que los trabajadores y campesinos en Rusia habían logrado.

Cannon estuvo siete meses, de junio de 1922 a enero de 1923, en Rusia soviética, donde fue delegado al Cuarto Congreso de la Internacional Comunista celebrado en Moscú, así como miembro de la presidencia del Comité Ejecutivo de la Internacional Comunista.

Luego fue secretario ejecutivo de la Defensa Obrera Internacional en Estados Unidos, organización nacional que luchaba por la excarcelación de todo prisionero de la guerra de clases que fuera objeto de cargos amañados por su combatividad en el movimiento obrero, sin importar su filiación política.

Junto con otros veteranos dirigentes del Partido Comunista, Cannon fue expulsado en 1928 por apoyar la lucha política de León Trotsky para continuar la trayectoria internacionalista revolucionaria de V.I. Lenin.

Cannon fue dirigente fundador en 1929 de la Liga Comunista de América, que se convirtió en el Partido Socialista de los Trabajadores en 1938. Fue secretario nacional del PST hasta 1953, y después presidente nacional hasta 1972.

JACK BARNES

Jack Barnes es secretario nacional del Partido Socialista de los Trabajadores. Se incorporó al PST en mayo de 1961 y ha sido miembro del Comité Nacional del partido desde 1963 y secretario nacional desde 1972.

Barnes se integró a la Alianza de la Juventud Socialista (AJS) en diciembre de 1960, poco después de un viaje a Cuba revolucionaria en julio y agosto de ese año. A su regreso, ayudó a organizar en la universidad Carleton College en Minnesota uno de los capítulos estudiantiles más grandes y más activos del Comité Pro Trato Justo a Cuba. Desde entonces ha sido dirigente del trabajo del partido en defensa de la revolución socialista cubana.

Como organizador de la rama del PST en Chicago y organizador de la AJS en el Medio Oeste del país a principios de los años 60, Barnes fue dirigente central de la exitosa campaña de cuatro años para defender a tres miembros de la AJS en Bloomington, Indiana, acusados en 1963 de "congregarse" para abogar por el derrocamiento del Estado de Indiana por la fuerza y la violencia.

En 1965 fue electo presidente nacional de la AJS y designado director del trabajo del PST y la AJS para impulsar el creciente movimiento contra la Guerra de Vietnam. En enero de 1965 se reunió dos veces con Malcolm X para hacerle una entrevista que se publicó en la revista *Young Socialist* pocas semanas después del asesinato de Malcolm, la última entrevista que Malcolm concedió y aprobó para ser publicada.

Desde mediados de los 70, Barnes ha dirigido la trayectoria política del PST y sus partidos hermanos en el mundo para forjar partidos comunistas cuyos miembros y dirigentes en su gran mayoría son trabajadores y sindicalistas que organizan a trabajadores para forjar y fortalecer sindicatos y para dirigir a la clase trabajadora y sus aliados hacia una exitosa revolución socialista.

DAVE PRINCE

Dave Prince es miembro del Comité Nacional del Partido Socialista de los Trabajadores desde 1977. Se incorporó a la actividad política obrera a principios de los años 60 siendo estudiante en Oberlin College en Ohio y después en la Escuela de Arte Tyler en Filadelfia. La masiva lucha negra y obrera que derrumbó el sistema *Jim Crow* de segregación racial institucionalizada tuvo un profundo impacto en su trayectoria política. Él fue un temprano partidario de la revolución socialista cubana, defensor de Malcolm X e impulsor de lo que llegaron a ser protestas de millones de personas que le reclamaban al gobierno norteamericano: "¡Regresen las tropas ya!" de Vietnam.

Prince ingresó a la Alianza de la Juventud Socialista y al Partido Socialista de los Trabajadores en el otoño de 1965 en Cleveland, Ohio. A lo largo de los años ha asumido una amplia variedad de responsabilidades centrales de dirección. Ayudó a dirigir las fracciones sindicales industriales del partido en el Sindicato Internacional de Obreros de la Electricidad (IUE) y el Sindicato Unido de Obreros Automotrices (UAW), así como en fábricas mecanometalúrgicas y empacadoras de carne no sindicalizadas.

Durante las décadas de 1990 y 2000, Prince dirigió la imprenta del partido en Nueva York, que producía el semanario *The Militant* y libros de la editorial Pathfinder.

Actualmente, entre otras responsabilidades, Prince dirige el trabajo de la red mundial de partidarios organizados del partido.

CAPÍTULO 1

La lucha contra el odio antijudío y los pogromos en nuestra época

DAVE PRINCE

La lucha contra el odio antijudío y los pogromos en la época imperialista: Lo que está en juego para la clase trabajadora internacional se publica en momentos cuando cientos de millones de personas se ven más y más envueltos en la política mundial a raíz de la crisis del sistema imperialista y sus repercusiones en todos los rincones del mundo. El aumento del odio y la violencia contra los judíos que ha marcado las primeras décadas del siglo 21 —desde el Medio Oriente hasta América del Norte y Sur, Europa, África, Asia y el Pacífico— está profundamente arraigado en esta crisis global.

El odio antijudío es una cuestión *mundial.* Hoy día la lucha en su contra es decisiva para toda batalla obrera contra las consecuencias brutales para la humanidad del imperialismo y sus convulsiones.

Este libro presenta los fundamentos políticos y la continuidad del programa marxista y su trayectoria —en la historia y en acción— en torno a estas cuestiones. El odio a los judíos no es eterno; está arraigado en la sociedad de clases y en la lucha de clases. Y los autores responden a la pregunta primordial: *Qué hacer para ponerle fin, de una vez por todas.*

Las páginas a continuación incluyen fragmentos de artículos y discursos de V.I. Lenin, el principal forjador del Partido Bolchevique y dirigente de la Revolución Rusa de octubre 1917. Lenin aborda el papel decisivo que ocupó la batalla contra el odio antijudío y los pogromos en la lucha por la revolución socialista que fue necesaria para derrocar el imperio zarista. Bajo la dirección de Lenin, el Partido Bolchevique se puso en las primeras filas de esa lucha, desde que se formó en 1902–03 hasta la muerte de Lenin en 1924.

La batalla contra la persecución de los judíos se entrelazó con la lucha por el derecho de todas las naciones oprimidas a la autodeterminación. Se entrelazó con la lucha contra el nacionalismo burgués reaccionario y el chovinismo burgués, tanto en la joven república soviética como en otras tierras donde estallaron luchas revolucionarias inspiradas por la revolución victoriosa de octubre de 1917.

Este libro aborda la lucha internacional que León Trotsky libró en los años 20 y 30 para defender la continuidad comunista de Lenin frente a la contrarrevolución política dirigida por José Stalin en la Unión Soviética y el Partido Comunista soviético. Los fragmentos de artículos y entrevistas de Trotsky publicados aquí fueron escritos durante los años cuando el creciente odio antijudío y violencia antisemita anunciaban lo que llegaría a ser la segunda guerra interimperialista mundial y el Holocausto.

También hay escritos de dirigentes centrales del Partido Socialista de los Trabajadores desde su fundación —James

En la lucha contra el odio antijudío, el Partido Socialista de los Trabajadores mantiene continuidad con Lenin y los bolcheviques.

MARY MARTIN/MILITANTE

IZQUIERDA: Rachele Fruit, candidata del Partido Socialista de los Trabajadores a presidenta de EEUU, habla a la prensa en evento frente al Memorial del Holocausto en Miami Beach, 10 de octubre de 2023. Ella condenó el pogromo cometido por Hamás en Israel tres días antes. “Para poner fin al odio antijudío, hará falta una lucha obrera por el poder, una revolución socialista”.

DERECHA: Trabajadores se manifiestan en Petrogrado durante la Revolución Rusa de 1917. El Partido Bolchevique, bajo la dirección de Lenin, llevó a los trabajadores a tomar el poder en octubre de 1917 y a derrocar el dominio capitalista. Sentó un ejemplo del liderazgo obrero que hace falta forjar hoy día: una dirección comunista, convencida de las capacidades revolucionarias de la clase trabajadora.

P. Cannon, Farrell Dobbs y Jack Barnes— que presentan el curso de acción que guía al PST hasta la fecha.

El imperialismo y el odio a los judíos

La persecución de los judíos se remonta a dos milenios.

Pero con los albores de la época imperialista en los últimos años del siglo 19, fue cambiando el peso y el papel del odio antijudío en las relaciones sociales. Se convirtió en una cuestión *internacional*, expresión de la intensa virulencia de las convulsiones económicas y sociales capitalistas que desembocaron en la Primera y Segunda Guerra Mundial imperialistas.

La "conspiración judía internacional" se convirtió en la bandera común de los movimientos fascistas. Bajo esta bandera, pretendieron justificar sus ataques contra la clase trabajadora, su vanguardia política y otros sectores del pueblo trabajador, y buscaron aplastar sus sindicatos y partidos. El triunfo del fascismo en gran parte de Europa, entrelazado con los avances políticos de la contrarrevolución estalinista en la Unión Soviética, garantizaron la nueva conflagración. Durante estas décadas hubo un brusco aumento en las masacres de judíos, los pogromos. Y en los últimos años de la guerra estos ataques se intensificaron con la "Solución Final" de Adolf Hitler, el exterminio en masa de seis millones de judíos.

Mientras exista la dictadura del capital —basada en la explotación de clase y el control capitalista de la producción y el comercio— no habrá solución a la marcha recurrente del imperialismo hacia el fascismo y la guerra. El dominio internacional del capitalismo moderno, y la contienda entre las principales potencias imperialistas y sus familias gobernantes para repartirse el mundo, hacen inevitable la recurrencia de crisis sociales y guerras. También hacen inevitables la resistencia y los levantamientos revolucionarios de la clase trabajadora y todos los explotados.

La propia cuestión judía es una cuestión de clase.

Como estamos viendo hoy nuevamente, el odio antijudío ocupa un papel y función permanente para las familias propietarias en la época imperialista.

El único camino para que la clase trabajadora internacional pueda avanzar es el de construir partidos revolucionarios proletarios —partidos comunistas— en los países donde vivimos. Forjar un liderazgo revolucionario con una confianza inquebrantable en la capacidad de la clase trabajadora y los oprimidos de tomar el destino en sus propias manos. Organizarnos siguiendo la marcha histórica de la clase trabajadora para enfrentar a las clases propietarias gobernantes a nivel mundial, tomar el poder estatal y transformar la sociedad.

El pogromo del 7 de octubre

La masacre de judíos en Israel que Hamás, con sus escuadrones de asesinos y violadores, cometió el 7 de octubre fue un pogromo, reaccionario hasta la médula.

Fue organizado gracias a la previa planificación y el pleno apoyo económico y logístico del régimen capitalista contrarrevolucionario de Irán. Teherán y sus máximos dirigentes en el gobierno y el clero celebraron públicamente esta masacre, que también implicó a varios grupos antijudíos más pequeños, principalmente Yihad Islámica y el Frente Popular para la Liberación de Palestina.

Ver el glosario al final del libro para buscar términos y nombres de lugares e individuos.

La nueva etapa en la guerra contra los judíos y el Estado de Israel, que Hamás desató ese día, sigue ardiendo al momento de publicarse este libro. Además de las batallas que se están librando en Gaza, Hezbolá —el aliado de Hamás engendrado por Teherán— ha lanzado ataques desde Líbano contra poblados civiles en Israel. Continúan las operaciones terroristas de grupos en Yemen, Iraq y Siria que están vinculados al régimen iraní.

Estos acontecimientos representan un parteaguas en la crisis imperialista mundial, con consecuencias imposibles de conocer. Son parte del profundo cambio ya señalado por la primera guerra terrestre en gran escala entre dos estados europeos desde la Segunda Guerra Mundial, que se inició en febrero de 2022 con la invasión a Ucrania por el régimen chovinista gran ruso de Vladímir Putin. Moscú tiene como objetivo ahogar en sangre la independencia y soberanía del pueblo ucraniano, su existencia como nación.

Al contrario de lo que alegan los organizadores de Hamás, y los que apoyan y aplauden el pogromo del 7 de octubre, esa matanza en masa de judíos no fue de ninguna manera un acto antiimperialista. No tuvo nada que ver con defender los intereses del pueblo palestino, ni de los explotados y oprimidos en ninguna parte del mundo.

El 7 de octubre no fue una operación militar en una guerra de liberación nacional. Al contrario. El pogromo fue organizado y ejecutado por escuadrones de la muerte entrenados —matones, asesinos, violadores— que indiscriminadamente mataron, mutilaron, torturaron y abusaron sexualmente a *judíos*, independientemente de su nacionalidad, edad o sexo.

Las víctimas fueron hombres, mujeres, niños e infantes judíos en los kibutzim cerca de la frontera entre Israel

La masacre de judíos en Israel que Hamás cometió el 7 de octubre de 2023 fue un pogromo, completamente reaccionario.

ABED ABU REASH/AP

AGENCIA DE NOTICIAS DE ASIA OCCIDENTAL

ARRIBA: 7 de octubre de 2023. Matones de Hamás recorren calles de Gaza exhibiendo cadáver de hombre judío que asesinaron. Al contrario de lo que afirman Hamás y sus defensores, la matanza de judíos no tuvo nada que ver con los intereses del pueblo palestino, ni de los explotados y oprimidos en ninguna parte del mundo.

ABAJO: Teherán, 26 de marzo de 2024. Ali Jamenei, Líder Supremo de Irán, se reúne con Ismail Haniyeh, dirigente de Hamás. El apoyo de Teherán hizo posible la masacre del 7 de octubre. Altos dirigentes iraníes celebraron el pogromo, llamando a "erradicar el tumor canceroso sionista".

y Gaza, así como personas que asistían a un gran festival internacional de música. Los escuadrones mataron a unas 1,200 personas, dejaron heridas a más de 5 mil y tomaron como rehenes a más de 240.

Mujeres judías fueron violadas y luego asesinadas, muchas de ellas violadas por grupos de hombres, a veces delante de sus familiares para degradar y humillarlas aún más. Los cadáveres de mujeres fueron mutilados y profanados. Los rehenes han sido y siguen siendo objeto de abusos y tortura.

Hamás también mató a unos 24 árabes israelíes, así como a más de 50 trabajadores inmigrantes de Tailandia, Filipinas, Sri Lanka y otros países. Muchos también fueron brutalizados o secuestrados. No fue por equivocación de Hamás. Estos trabajadores fueron considerados blancos legítimos del pogromo simplemente por asociarse con judíos.

Este fue un pogromo como los que el régimen zarista de Rusia instigó contra los judíos a fines del siglo 19 y principios del siglo 20. La única respuesta de la monarquía rusa "a las manifestaciones del pueblo que reclaman la libertad", dijo Lenin en 1911, "es desatar a pandillas de hombres que agarran a los niños judíos por las piernas y les rompen la cabeza contra las piedras, que violan a las mujeres judías y georgianas y destripan a los ancianos".

Nada cambió el 7 de octubre respecto a lo que describió el dirigente bolchevique hace más de un siglo.

La masacre del 7 de octubre fue el peor acto de violencia contra los judíos desde el Holocausto realizado por los nazis. Ha sacudido irrevocablemente las esperanzas e ilusiones de los judíos y otras personas de que las escaladas de actos antisemitas son una aberración histórica, algo del pasado. De que son excepciones a la regla. De que van a amainar. O de que podemos contar con Washington y otros gobiernos imperialistas "democráticos" para defender a los judíos en este país o en cualquier parte del mundo.

¿Qué nos depara el futuro? ¿Es eterno el odio antijudío?

El orden global impuesto por los vencedores en la carnicería imperialista de la Segunda Guerra Mundial se ha ido desmoronando. Durante décadas, el imperialismo norteamericano, el último imperio del planeta, se ha venido debilitando. Pero la existencia de los gobernantes norteamericanos se basa en dos metas entrelazadas. Una es su incesante competencia para dominar a todos sus rivales imperialistas. La otra, vital para la supervivencia del capitalismo, es aplastar el desarrollo de luchas revolucionarias de las clases trabajadoras en cualquier parte del mundo. Esto incluye la política multifacética de Washington a través de las décadas de castigar —"sin perdón, sin olvido"— al pueblo trabajador cubano por tener la audacia de hacer una revolución socialista.

En la guerra de Washington contra Iraq en 1991 —que culminó, bajo las órdenes del mando militar estadounidense, con el infame "tiro al pavo" (*turkey shoot*) en que perecieron decenas de miles de soldados y civiles iraquíes que iban en retirada— sonaron los primeros cañonazos de la Tercera Guerra Mundial. Esa posibilidad ya no es una anticipación; es una realidad que se va desarrollando. Lo único que queda por resolver es la forma y el ritmo de su evolución. Solo la clase trabajadora, con acciones revolucionarias victoriosas, puede tomar el poder y quitarles a las clases propietarias la capacidad de hacer la guerra.

Han ocurrido dos grandes revoluciones proletarias en el último siglo. La primera fue la Revolución de Octubre en Rusia, dirigida por Lenin y el Partido Bolchevique que

El orden global impuesto por los vencedores de la II Guerra Mundial se está derrumbando, con explosivas consecuencias para los trabajadores en todo el mundo.

NATIONAL GEOGRAPHIC

DERECHA: La carretera de Kuwait a Basora, Iraq, donde bombardeos de EEUU masacraron a miles de soldados y civiles iraquíes que huían, febrero 1991. En esa guerra, que aceleró rivalidades entre Washington y otras potencias imperialistas, sonaron los primeros cañonazos de la Tercera Guerra Mundial. Hoy esa es una realidad que vemos desarrollarse.

ARRIBA: Jersón, Ucrania, marzo 2022. Residentes gritan "¡Váyanse a casa!" y resisten invasión rusa, que pretende borrar la existencia de la nación ucraniana. Tras ocho meses de brutal ocupación, fuerzas ucranianas liberaron Jersón.

El pogromo del 7 de octubre en Israel y la invasión a Ucrania por el régimen de Putin —la primera gran guerra terrestre en Europa desde la II Guerra Mundial— marcan un hito en la crisis mundial imperialista.

él forjó. La otra fue la revolución socialista cubana, dirigida por Fidel Castro y los cuadros del Ejército Rebelde y del Movimiento 26 de Julio bajo su mando.

Cada una de estas revoluciones sentó un ejemplo del carácter político de la dirección proletaria que se puede y se debe forjar: un liderazgo comunista, probado en la lucha, que actúe con confianza en las capacidades revolucionarias de la clase trabajadora y los oprimidos.

Raíces fascistas de Hamás

Hamás, fundado en 1987, tiene su origen en las clases terratenientes y monarquías del mundo árabe de los años 20 y 30, y también en corrientes y partidos nacionalistas burgueses antiobreros en toda la región desde entonces.

Estas clases dominantes se opusieron a los acontecimientos revolucionarios entre el pueblo trabajador en Palestina y otras partes del Medio Oriente, acontecimientos que se inspiraron en el ejemplo de la Revolución Rusa y que fueron recibidos con entusiasmo por la dirección bolchevique. Se fundaron partidos comunistas en Palestina, Egipto y otras partes del Medio Oriente, que al principio nuclearon a trabajadores de mentalidad revolucionaria de origen judío, árabe y otras nacionalidades.

En los años 30 y 40, la Hermandad Musulmana, con sede en Egipto, y corrientes reaccionarias afines forjaron relaciones directas con los fascistas en Italia, y especialmente con el Partido Nazi de Adolfo Hitler en Alemania.

La descripción que Trotsky dio de la cultura del fascismo en un manifiesto redactado en mayo de 1940, "La guerra imperialista y la revolución proletaria mundial", es acertada, más de ocho décadas después, en cuanto a la conducta actual de Hamás y sus aliados. "La única característica del fascismo que no es falsa es su deseo del poder, sometimiento y saqueo", escribió Trotsky. "El fascismo es una destilación químicamente pura de la cultura del imperialismo".

Teherán, Hezbolá, Hamás y sus partidarios proclaman ante el mundo su compromiso de cometer más pogromos. Su bandera es el odio a los judíos: un nuevo Holocausto, para completar la inconclusa "Solución Final". Rechazan toda "solución" que no sea la eliminación física de los judíos, no solo en el Medio Oriente sino en el mundo entero. Siete millones de los 15.7 millones de judíos viven hoy día en Israel, y un número similar en Estados Unidos, así como números menores pero importantes en otros países.

El odio antijudío es la bandera bajo la cual el régimen clerical-burgués en Irán justifica su campaña expansionista —en muchos casos impulsada por grupos terroristas que Teherán arma y financia en países vecinos— para extender el dominio militar y económico contrarrevolucionario del régimen por todo el Medio Oriente. El objetivo declarado de Teherán, de deshacerse de los judíos y eliminar a Israel, es aún más peligroso para el pueblo trabajador en todas partes debido a su acelerada marcha hacia el desarrollo y despliegue de un arsenal nuclear estratégico.

El pueblo palestino ha pagado un enorme precio por esta genocida trayectoria antijudía que proclama "Desde el río hasta el mar, Palestina será libre". La vida y el futuro de los palestinos se ven sacrificados por los dirigentes de Hamás, quienes organizan sus centros de operaciones e instalaciones de artillería dentro, cerca o debajo de hospitales, escuelas y edificios de apartamentos en Gaza. Ellos usan a los civiles como escudos humanos. Educan a los niños para que aspiren al "martirio" y no a la vida. Actúan en colaboración con las agencias y el personal

“Del río al mar, Palestina será libre” es la meta genocida de Hamás: ¡Expulsen a los judíos! ¡Maten a los judíos!

RYAN ZAMOS/FOX NEWS

Apologistas de Hamás protestan en la Universidad Tulane, Nueva Orleans, 7 de octubre de 2023.

the algemeiner

FEBRUARY 27, 2024 6:17 PM 15

'You Jew!': UC Berkeley Mob Att
Jews During Event With IDF
University Pledges Investiga

by Dion J. Pierre

Berkeley, 26 de febrero de 2024. Matones pro-Hamás en Universidad de California asaltaron edificio donde grupos estudiantiles judíos habían invitado a un reservista militar israelí como orador. Rompieron cristales y forzaron la evacuación del público. Algunos autodenominados “socialistas” que defienden a Hamás se verán aliados a futuras fuerzas fascistas.

de Naciones Unidas. Para resolver las necesidades de Hamás, sus matones armados incautan los suministros de ayuda, incluso los alimentos y medicinas destinados para el pueblo palestino.

El mayor peligro para los judíos y todos los oprimidos en la región y el mundo es el llamado a un cese al fuego *antes* de que Hamás sea derrotado y antes de que sus estructuras de dirección y mando sean destruidas. El clamor internacional de propaganda a favor de un cese al fuego, lejos de ser una respuesta “pacifista” a la guerra, fue planificado por Hamás y sus secuaces muchos años antes del ataque del 7 de octubre de 2023. *Es una campaña de Hamás.*

Y la administración demócrata de Joseph Biden —al exigir que Israel declare un cese el fuego antes de que sean destruidas las estructuras de mando de Hamás— está ejerciendo su influencia en contra del derecho de Israel a defenderse como refugio para los judíos. Así confirma nuevamente el carácter antiobrero del gobierno imperialista norteamericano.

Solo con la rotunda derrota de Hamás se podrá crear espacio político para que los trabajadores judíos, árabes y otros trabajadores encuentren un camino para avanzar, juntos, en luchas revolucionarias contra los gobernantes capitalistas de Israel, Palestina, y otras partes de la región.

Forjar un partido proletario revolucionario

La línea de acción que impulsó Lenin para combatir la persecución de los judíos fue parte de la lucha para forjar el programa proletario, las normas organizativas y los hábitos de conducta del Partido Bolchevique.

Esa perspectiva guió las acciones del partido antes, durante y después de la revolución de octubre de 1917 en Rusia, tanto en el joven estado obrero como en la Internacional Comunista, fundada a iniciativa de los bolcheviques en 1919 para construir partidos proletarios dedicados a extender la revolución socialista mundial.

Los dueños de fábricas y terratenientes capitalistas del antiguo imperio zarista, después de ser derrocados, organizaron una sangrienta guerra civil durante tres años para recuperar sus propiedades y su poder, recibiendo ayuda decisiva de los ejércitos invasores de Londres, París, Berlín, Washington y otros gobiernos imperialistas.

Como parte de las batallas que aplastaron esa contrarevolución, el Ejército Rojo —iniciado y dirigido por Lenin y bajo el mando de León Trotsky— combatió y derrotó a los pogromistas. Estas victoriosas batallas inspiraron a judíos y a otros trabajadores no solo en el antiguo imperio zarista sino en todo el mundo.

"La policía zarista, en alianza con los latifundistas y los capitalistas, organizó pogromos contra los judíos", explicó Lenin en un discurso grabado en disco en 1919 que se difundió ampliamente en toda la república soviética.

"Los latifundistas y capitalistas trataron de dirigir contra los judíos el odio de los trabajadores y campesinos atormentados por las necesidades. También en otros países, muchas veces vemos que los capitalistas instigan el odio contra los judíos, para cegar a los trabajadores y desviar su atención del verdadero enemigo de los trabajadores: el capital", explicó el dirigente bolchevique.

"Vergüenza para el maldito zarismo, que atormentó y persiguió a los judíos. Vergüenza para los que fomentan el odio hacia los judíos, para quienes fomentan el odio ha-

Los bolcheviques defendieron los derechos de todas las nacionalidades oprimidas en el ex imperio zarista, incluidos millones de judíos.

ARRIBA: "Los enemigos de los trabajadores no son los judíos. Son los capitalistas de todos los países", dijo V.I. Lenin en un discurso en 1919. Su charla fue ampliamente divulgada en un disco grabado por el gobierno revolucionario que llegó al poder en octubre de 1917.

ЕЖЕДНЕВНАЯ ВЕЧЕРНЯЯ ГАЗЕТА

РАБОЧІЙ и СОЛДАТЪ

Органъ Петроградскаго Совѣта Рабочихъ и Солдатскихъ Депутатовъ.

РАБОЧИМЪ, СОЛДАТАМЪ и КРЕСТЬЯНАМЪ!

Второй Всероссійскій Съѣздъ Совѣтовъ Рабочихъ и Солдатскихъ Депутатовъ открылся. На немъ представлено громадное большинство Совѣтовъ. На съѣздѣ присутствуютъ и рядъ делегатовъ отъ крестьянскихъ Совѣтовъ. Полномочія соглашательскаго Ц. И. К. окончились. Опираясь на волю громаднаго большинства рабочихъ, солдатъ и крестьянъ, опираясь на совершившееся въ Петроградѣ побѣдоносное возстаніе рабочихъ и гарнизона, Съѣздъ беретъ власть въ свои руки.

CENTRO: El día que tomó el poder, el gobierno dirigido por los bolcheviques emitió una declaración "A los trabajadores, soldados y campesinos", la cual garantizaba a "todas las naciones en Rusia el auténtico derecho a la autodeterminación".

ABAJO: Odessa, Ucrania, 1919. Multitudes reciben al Ejército Rojo, que liberó esta ciudad —con la mayor población judía en Rusia— de fuerzas contrarrevolucionarias y puso fin a los pogromos antijudíos. Entre sus filas, según muestra la foto, había trabajadores de todas las nacionalidades.

cia otras naciones. ¡Viva la confianza fraterna y la alianza combativa de los trabajadores de todas las naciones en la lucha por derrocar el capital!"

"En la lucha contra el odio antijudío y los pogromos, la continuidad del Partido Socialista de los Trabajadores se remonta a Lenin y la Revolución Bolchevique en Rusia", afirmó el PST en su primera declaración sobre el pogromo de Hamás del 7 de octubre. Este libro reproduce esa declaración, emitida por Rachele Fruit en una protesta contra esa matanza, evento realizado en Miami Beach ante el Memorial al Holocausto. Fruit es actualmente la candidata del PST para presidenta de Estados Unidos en 2024.

Esta continuidad bolchevique la llevó adelante Trotsky durante la lucha, a finales de los años 20 y 30, para mantener la trayectoria proletaria internacionalista de Lenin frente a la sangrienta contrarrevolución dirigida por José Stalin. En las selecciones publicadas en este libro, Trotsky describe cómo la burocracia estalinista fomentó el antisemitismo en la Unión Soviética, atacando a los defensores del programa y las acciones de Lenin. Muchos de estos, incluido Trotsky, eran judíos. En los notorios juicios de Moscú orquestados por Stalin entre 1936 y 1938, se utilizó el antisemitismo en contra de los acusados. A raíz de esos juicios amañados, fueron ejecutados prácticamente todos los dirigentes centrales de la Revolución de Octubre que aún quedaban.

Durante esos años el PST —colaborando estrechamente con Trotsky, entonces exiliado en México— impulsó la lucha contra las devastadoras consecuencias sociales para el pueblo trabajador de la profunda depresión y crisis social del capitalismo mundial y la marcha hacia una segunda guerra imperialista. Trotsky advirtió sobre el ascenso de movimientos fascistas entre las clases medias que entraban en pánico al verse ante el abismo, a la par de "un monstruoso crecimiento del antisemitismo violento en todo el mundo".

A finales de los años 30, a medida que los gobernantes norteamericanos se aprestaban a ingresar en la creciente guerra mundial para defender sus propios intereses capitalistas, los trabajadores comunistas en el PST libraron y ganaron una batalla política contra una facción minoritaria en el partido que claudicaba ante las presiones de la creciente propaganda bélica y del entorno social de los voceros de clase media de los gobernantes. La oposición rompió con el marxismo en torno a dos cuestiones inseparables: la necesidad de oponerse a los objetivos bélicos de los imperialistas norteamericanos, y de profundizar la composición proletaria del partido y su orientación hacia la clase trabajadora y los sindicatos.

La exitosa lucha del PST por un partido proletario fue decisiva en su respuesta a los esfuerzos de las familias propietarias gobernantes para desatar a matones fascistas y usar a los judíos como chivos expiatorios por los crecientes males del capitalismo. Los gobernantes pretendían desviar la rabia de las clases medias inseguras o arruinadas y de sectores del pueblo trabajador, para que no dirigieran esa ira contra los gobernantes capitalistas, los responsables del desempleo, las ejecuciones hipotecarias de fincas y otras consecuencias de la crisis social y económica de los años 30.

Este libro también contiene los relatos de dos antiguos secretarios nacionales del PST, Farrell Dobbs y James P. Cannon. Ellos describen cómo se organizó en 1938 una guardia de defensa sindical en Minnesota, con una amplia base, que logró derrotar los intentos —instigados por los patrones— de un grupo fascista norteamericano, los Camisas Plateadas, de destruir el sindicato Teamsters y frenar las iniciativas hacia la acción política independiente por parte de la clase trabajadora. Desde luego, la promoción del odio a los judíos fue parte integral de la demagogia fascista. Al enterarse de los planes de los Camisas Plateadas de desbaratar sindicatos, el rabino Albert Gordon de Minneapolis acudió a los Teamsters para responder a este peligro derechista. La guardia de defensa obrera, con amplio apoyo entre la clase trabajadora, realizó una muestra pública de fuerza que echó por tierra los planes de los fascistas y los hizo huir de la ciudad.

Posteriormente, trabajadores y sindicalistas en Nueva York solicitaron la colaboración de los dirigentes de los Teamsters en Minneapolis para oponerse a las actividades antisindicales y antisemitas de fuerzas fascistas en esa ciudad y en el vecino estado de Nueva Jersey. Se movilizaron 50 mil personas en una manifestación en Nueva York iniciada por el Partido Socialista de los Trabajadores en Nueva York, contrarrestando así un mitin de 20 mil personas organizada por un grupo fascista, el Bund Germano-Americano, en el Madison Square Garden.

No hay refugio para judíos en la época imperialista

"Desde el río hasta el mar, Palestina será libre" no es nada nuevo. Como dijo Hamás en su acta de fundación en 1988, la premisa antisemita de esa consigna "se planteó en los *Protocolos de los sabios de Sión*", la notoria falsificación de la policía secreta zarista de 1905 que presuntamente daba pruebas de los "planes para la dominación universal del judaísmo internacional".

Desde *Mein Kampf* (Mi lucha) de Hitler y las manifestaciones de Nuremberg hasta la carta fundacional de Hamás y las justificaciones actuales para el 7 de octubre, todos tienen los mismos fundamentos antiobreros.

El mensaje es claro: *¡Expulsen a los judíos! ¡Maten a los judíos!* Desde el río Jordán hasta el mar Mediterráneo, y en cualquier otra parte del planeta donde se pueda hallar y atacar a judíos, sea una sinagoga o una tienda kosher, un festival de música, una guardería infantil o una escuela. Destruir a Israel como refugio para los judíos.

En la época imperialista, no puede existir un refugio permanente para los judíos. Esa realidad solo puede cambiar con la victoria de la revolución proletaria en regiones decisivas del mundo.

La campaña "del río al mar" no tiene nada que ver con las aspiraciones nacionales de ningún pueblo oprimido, ni en Palestina ni en Irán, el Medio Oriente, África de Norte o donde sea. No tiene nada que ver con la lucha de los oprimidos y los trabajadores explotados contra el imperialismo. Nada que ver con la lucha obrera por su emancipación de la dictadura del capital y de las clases gobernantes explotadoras.

Al contrario, la campaña internacional por un cese el fuego inmediato solo beneficia los intereses de clase de los liderazgos nacionalistas-burgueses reaccionarios del régimen de Irán y de Hamás, Hezbolá, Yihad Islámica y un puñado de otros. Y las clases gobernantes más poderosas y despiadadas del mundo, encabezadas por la de Estados Unidos, están usando esa campaña para promover sus propios intereses económicos, militares y políticos y su dominio de clase en el mundo.

¿Qué hacer?

El establecimiento de Israel se hizo inevitable con la Segunda Guerra Mundial.

En los años previos y durante la Segunda Guerra Mundial, las potencias imperialistas predominantes cerraron las puertas a casi toda la inmigración judía. Esa fue la política de Washington y Londres, bajo la dirección de Franklin Delano Roosevelt y Winston Churchill, que también siguieron las clases gobernantes de Canadá, Australia y otros países.

Después de la guerra —tras el exterminio genocida por parte de Hitler del 40 por ciento de la población judía mundial, de seis millones de seres humanos— los vencedores imperialistas en Washington y Londres mantuvieron sus fronteras cerradas durante tres años más. Relegaron a más de 250 mil sobrevivientes judíos a "campos de desplazados" apenas habitables en Alemania, Austria e Italia, los países europeos derrotados.

¿Adónde se suponía que debían ir los judíos?

Las posibilidades de extender la revolución socialista en Europa fueron traicionadas por el régimen de Stalin y los distintos Partidos Comunistas nacionales. En Alemania, a principios de los años 30, sabotearon las oportunidades revolucionarias que pudieron haber unificado al movimiento obrero y derrotado a los nazis antes de que estos consolidaran su poder.

En Francia, en 1936–1937, socavaron una situación prerevolucionaria al incorporarse al gobierno del llamado Frente Popular, formando una alianza con un ala de la burguesía. En España enfilaron sus armas contra los trabajadores de mentalidad revolucionaria que combatían a las fuerzas fascistas, las cuales derrotaron al pueblo trabajador en 1939.

Una victoria revolucionaria en uno o más de esos países podría haber prevenido la catástrofe humana de la Segunda Guerra Mundial.

Después de la guerra surgieron luchas revolucionarias en Grecia, Francia e Italia. Pero los trabajadores armados

Solo con la conquista del poder por la clase trabajadora y el fin del orden mundial imperialista se podrá prevenir otro Holocausto.

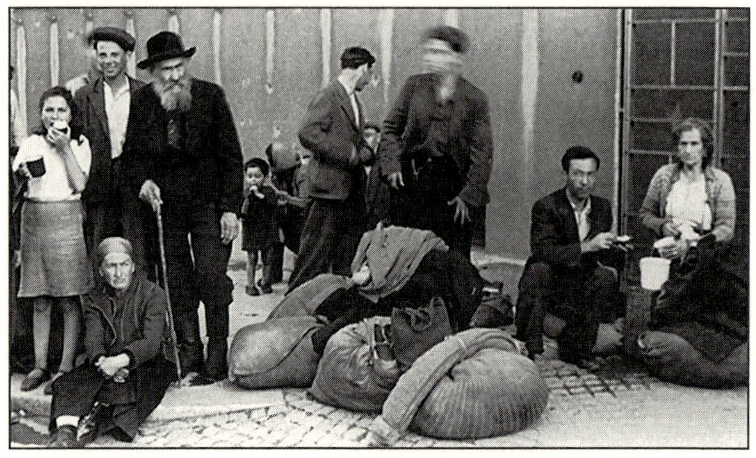

WOLF SCHÄRF

THE MILITANT

MONDAY, AUGUST 4, 1947 — THE MILITANT — PAGE THREE

4,500 Jews Get Another Lesson in "Democracy"

By Evelyn Atwood

For the past 12 days, 4,500 Jewish refugees, among them 1,800 women and children, bound for Palestine, have undergone blood- ... of the British imperialists that Hitler ...

... stretchers, the Jewish immigrants ... re ordered aboard three British ..., the **Empire Valour**, **Ocean** ... and **Runnymede Park** for ... ment to France. Food sup... were far from sufficient for ... multitudes.

... tish officials still claim that ... refugees were well treated. The ... ondition of the involuntary passengers revealed quite the contrary. Several died as a result of ill treatment or of wounds. According to a Reuters dispatch, a Jewish doctor who went aboard the **Runnymede Park** said there was an epidemic of diarrhoea among the children. But reports about the condition of the ship's occupants could not be verified, since newspaper men were forbidden even to approach the ships. The wretched people could be observed only through field glasses. Some were peering through portholes. Others were standing on decks which were completely com- ... wire.

... ers ... savage ... vessel and its defenseless occupants. The warships smashed into the **Exodus** from three directions, enveloping the ship in a cloud of fire bombs, gunfire, tear gas. Huge portions of the ship were reduced to kindling wood.

SCORES WOUNDED

For more than three hours, while women and children screamed, the murderous assault continued. Twenty men fell seriously wounded, five lay dying, a hundred were injured. William Bernstein, 24 ...

British Seize Refugee Ship

ARRIBA: Campo de "desplazados" en Austria tras la II Guerra Mundial. Tras el exterminio por Hitler del 40 por ciento de la población judía mundial, Washington y Londres mantuvieron cerradas sus fronteras y relegaron a 250 mil sobrevivientes judíos a estos campos. ¿Adónde iban a ir los judíos?

ABAJO: Fuerzas británicas atacan barco de refugiados *Exodus,* julio 1947. Negaron la entrada a Palestina a 4,500 judíos y los forzaron a regresar a Europa. Murieron tres pasajeros judíos y decenas resultaron heridos.

que buscaban un camino hacia la revolución socialista se vieron bloqueados por partidos estalinistas que no querián perturbar la repartición de Europa entre "esferas de influencia" dominadas por Moscú, Washington y Londres. Sobre las cenizas de la guerra, los partidos imperialistas en Estados Unidos, el Demócrata y el Republicano, establecieron un nuevo orden mundial dominado por Washington, un orden que ahora ha empezado a resquebrajarse.

Bajo la bandera de la lucha contra el fascismo, los imperialistas justificaron sus rapaces objetivos bélicos presentando una imagen falsa de las poblaciones de Alemania y Japón como uniformemente reaccionarias. Pero el objetivo de las fuerzas armadas imperialistas norteamericanas y británicas al lanzar bombardeos incendiarios contra barrios obreros en las principales ciudades alemanas y japonesas fue impedir las luchas de trabajadores después de la guerra. Ese también fue el objetivo del bombardeo atómico de Hiroshima y Nagasaki por parte de Washington.

Fue esta historia, fueron estas realidades de la lucha de clases, lo que hicieron inevitable la creación de Israel. No fue una "realización del sionismo". Aunque Londres y Washington utilizaron la política de "divide y vencerás" contra los judíos y los árabes por igual (como hicieron las potencias colonizadoras en India y Paquistán, en toda África y otras partes del mundo), la existencia de Israel no fue la imposición de un "estado colono-colonial".

Israel se hizo inevitable como *refugio* para los judíos. Pero no es una *solución* al odio antijudío o a los pogromos. En la época imperialista no existe un lugar seguro para los judíos, en ninguna parte del mundo.

La defensa del derecho de Israel a existir se basa en esa historia. Es un país que ofrece santuario a los judíos, de cualquier país, en cualquier momento, ante la persecución y la violencia.

Únicamente bajo estas condiciones será posible que los trabajadores en Israel y en la región —judíos, palestinos, de otros orígenes nacionales— tengan el espacio político necesario para desarrollar confianza mutua y unidad en una lucha común. Y esta solidaridad de clase, a su vez, abrirá paso a la lucha para forjar un partido comunista, un partido proletario, capaz de dirigir a la clase trabajadora y sus aliados oprimidos y explotados hacia una revolución socialista.

Hoy día diversas corrientes sionistas insisten, equivocadamente, en que el odio a los judíos es eterno. Algunos también argumentan que la persecución de los judíos se debe a prejuicios inherentes en la clase trabajadora, y que, por tanto, siempre será necesario mantener un estado burgués judío cerrado e insular. Pero es todo lo contrario.

De hecho, es en la clase trabajadora de Estados Unidos y otros países donde hallamos la más profunda *repugnancia* hacia el pogromo del 7 de octubre. Es ahí donde los trabajadores comunistas encuentran la mayor receptividad a la lucha contra la persecución de los judíos. *No* entre los profesionales privilegiados y las clases medias, ni en las universidades, donde hoy aflora el odio antijudío.

Es entre el pueblo trabajador donde los comunistas encuentran interés en una explicación de por qué la lucha contra el odio a los judíos y los pogromos es tan vital para el movimiento obrero.

Lenin tuvo razón cuando insistió en 1903 en "el vínculo que *indudablemente* tiene el antisemitismo con los intereses de la burguesía, y no con los intereses de los sectores proletarios de la población".

En 1937 Trotsky planteó la interrogante de si una federación socialista mundial haría posible "que los judíos que así lo desearan tuvieran su propia república autónoma, como ámbito para su propia cultura". Un gobierno proletario nunca "recurriría a la asimilación forzosa", dijo Trotsky. Y "es muy posible que, al cabo de dos o tres generaciones, desaparecerían las fronteras de una república judía independiente, al igual que las de muchas otras regiones nacionales…"

"Tengo en mente un período histórico transitorio, durante el cual la cuestión judía como tal sigue siendo aguda y requiere medidas apropiadas por parte de una federación mundial de estados obreros", agregó Trotsky. Una república judía autónoma "adquiriría, en el marco de una federación socialista, un significado real y beneficioso... ¿Cómo podría oponerse a esto un marxista, o hasta un demócrata consecuente?"

En su "Llamamiento a los judíos estadounidenses amenazados por el fascismo", escrito en 1938, Trotsky explicó que se podía anticipar el más virulento antisemitismo en las potencias imperialistas más fuertes, "sobre todo en Estados Unidos". En medio de una catástrofe económica y social del capitalismo mundial y de avances fascistas, dijo Trotsky, "es posible imaginar sin dificultad lo que les espera a los judíos cuando apenas estalle la futura guerra mundial. Pero aun sin la guerra, el próximo auge de las fuerzas reaccionarias a nivel mundial significará con toda seguridad *el exterminio físico de los judíos*".

"Ahora más que nunca", concluyó el dirigente bolchevique, "el destino del pueblo judío —no solo su destino político sino también su destino físico— está indisolublemente ligado a la lucha emancipadora del proletariado internacional".

Estas palabras mantienen su vigencia. Una victoriosa revolución socialista en Estados Unidos es tanto necesaria como posible. Lo que hace falta, lo que hay que forijar, es un partido obrero revolucionario, dotado de un programa comunista y una dirección proletaria probada en el combate.

Eso es lo que el Partido Socialista de los Trabajadores está luchando para forjar. El partido de la revolución socialista norteamericana. Una transformación revolucionaria —parte de una revolución socialista mundial cada vez más amplia— que abra paso a la reconstrucción de la sociedad sobre la base de la solidaridad humana.

30 de marzo de 2024

CAPÍTULO 2

Lenin y los bolcheviques: Un partido obrero unido y la lucha contra los pogromos

Desde el inicio del siglo 20, V.I. Lenin dirigió la lucha política en la masiva "prisión de naciones" del imperio zarista por un partido obrero unido y centralizado, un partido que incorporara a todos los que estaban de acuerdo con su programa, independientemente de su idioma, origen nacional o religión.

Ese disciplinado partido obrero revolucionario, conocido como los bolcheviques a partir de 1903, estuvo en la vanguardia de la lucha contra los pogromos antijudíos promovidos por los gobernantes capitalistas de Rusia. El gobierno proletario dirigido por los bolcheviques, que llegó al poder tras la victoriosa revolución de octubre de 1917, puso fin a esos brutales ataques contra los judíos.

El nuevo Ejército Rojo, compuesto de voluntarios, dirigido por Lenin y comandado por León Trotsky, defendió al joven gobierno soviético. Su columna vertebral eran los trabajadores con mayor conciencia política entre las diferentes nacionalidades del antiguo reino zarista. En una encarnizada guerra que duró tres años, no solo aplastaron a los ejércitos contrarrevolucionarios de los derrocados capitalistas y terratenientes rusos. También derrotaron a los ejércitos invasores de múltiples potencias imperialistas, tanto de Londres y París como de Washington y Tokio, entre otras.

El triunfo y la supervivencia del nuevo estado obrero se debió en gran parte a la intransigente batalla que los bolcheviques libraron —antes, durante y después de la victoria de octubre— para defender los derechos de todas las nacionalidades oprimidas del antiguo imperio zarista, incluidos los millones de judíos. Los bolcheviques educaron al pueblo trabajador sobre el origen y el carácter reaccionario del odio antijudío. Los siguientes dos textos de Lenin, escritos en 1918 y 1919, son ejemplos de esto.

Los judíos no son enemigos de los trabajadores, los enemigos son los capitalistas en todas partes

DE UN DISCURSO GRABADO EN DISCO

V.I. LENIN, MARZO DE 1919

El antisemitismo implica la propagación de la hostilidad hacia los judíos.[1] Cuando la maldita monarquía zarista vivía sus últimos días, trató de incitar a trabajadores y campesinos ignorantes contra los judíos. La policía zarista, en alianza con los latifundistas y los capitalistas, organizó pogromos contra los judíos. Los latifundistas y capitalistas trataron de dirigir contra los judíos el odio de los trabajadores y campesinos atormentados por las necesidades. También vemos muchas veces en otros países que los capitalistas instigan el odio contra los judíos, para cegar a los trabajadores y desviar su atención del verdadero enemigo de los trabajadores: el capital…

Los enemigos de los trabajadores no son los judíos. Los enemigos de los trabajadores son los capitalistas de todos los países. Entre los judíos hay trabajadores, y son la mayoría. Son nuestros hermanos, quienes, como nosotros, están oprimidos por el capital. Son nuestros compañeros en la lucha por el socialismo.

Entre los judíos hay kulaks, explotadores y capitalistas, como los hay entre los rusos y entre la población de todas las naciones. Los capitalistas intentan sembrar y fomentar el odio entre los trabajadores de distintas religiones, distintas naciones y distintas razas. Los que no trabajan se mantienen en el poder por la fuerza y el poder del capital. Los judíos ricos, como los rusos ricos y los ricos de todos los países, están aliados entre sí para oprimir, aplastar, despojar y desunir a los trabajadores.

Qué vergüenza para el maldito zarismo, que atormentó y persiguió a los judíos. Qué vergüenza los que fomentan el odio hacia los judíos, para quienes fomentan el odio hacia otras naciones. ¡Viva la confianza fraterna y la alianza combativa de los trabajadores de todas las naciones en la lucha por derrocar el capital!

Los pogromos son fatales para la revolución de los trabajadores y campesinos

DE UNA RESOLUCIÓN DEL CONSEJO DE COMISARIOS DEL PUEBLO

V.I. LENIN, JULIO DE 1918

Según informes recibidos por el Consejo de Comisarios del Pueblo, los contrarrevolucionarios están agitando a favor de pogromos en muchas ciudades, sobre todo en la zona fronteriza, lo cual ha provocado atropellos esporádicos contra la población trabajadora judía.[2] La contrarrevolución burguesa ha empuñado el arma que se le había escapado de las manos al zar.

Cada vez que surgía la necesidad, el gobierno absolutista canalizaba la ira que los pueblos dirigían hacia él contra los judíos, diciéndoles a las masas incultas que toda su miseria provenía de los judíos…

En la República Socialista Federativa Soviética de Rusia, donde se ha proclamado el principio de la autodeterminación de las masas trabajadoras de todos los pueblos, no hay cabida para la opresión nacional. Los burgueses judíos son nuestros enemigos, no como judíos sino como burgueses. El trabajador judío es nuestro hermano.

Todo tipo de odio contra cualquier nación es inadmisible y vergonzoso.

El Consejo de Comisarios del Pueblo declara que el movimiento antisemita y los pogromos contra los judíos son fatales para los intereses de la revolución de trabajadores y campesinos, y llama al pueblo trabajador de la Rusia socialista a luchar contra este mal con todos los medios a su alcance.

La hostilidad nacional debilita las filas de nuestros revolucionarios, socava el frente único del pueblo trabajador sin distinciones de nacionalidad y solo ayuda a nuestros enemigos.

El Consejo de Comisarios del Pueblo instruye a todos los diputados soviéticos a que tomen medidas intransigentes para arrancar de raíz el movimiento antisemita. Hay que poner fuera de la ley a los pogromistas y promotores de pogromos.

Las masacres de los judíos provocan repugnancia entre el pueblo trabajador de todo el mundo

DE UN DISCURSO A TRABAJADORES SUIZOS SOBRE LA REVOLUCIÓN DE 1905

V.I. LENIN, ENERO DE 1917

El zarismo descargó su odio ante todo contra los judíos.[3]

Por un lado, los judíos brindaron un porcentaje especialmente alto (en comparación con la población judía total) de dirigentes del movimiento revolucionario. Y ahora los judíos tienen también el mérito de brindar un porcentaje relativamente alto de internacionalistas, en comparación con otros pueblos.

Por otro lado, el zarismo explotó hábilmente los más bajos prejuicios antijudíos de las capas más ignorantes de

El gobierno revolucionario y el Ejército Rojo, dirigidos por los bolcheviques, pusieron fin a los pogromos. Inspiraron a judíos y otros trabajadores en todo el mundo.

ARRIBA: León Trotsky, comandante del Ejército Rojo, habla a soldados rusos, 1918. En la guerra civil, el Ejército Rojo derrotó ejércitos de los ex capitalistas y latifundistas rusos y una fuerza imperialista invasora. Acabó con la persecución antijudía.

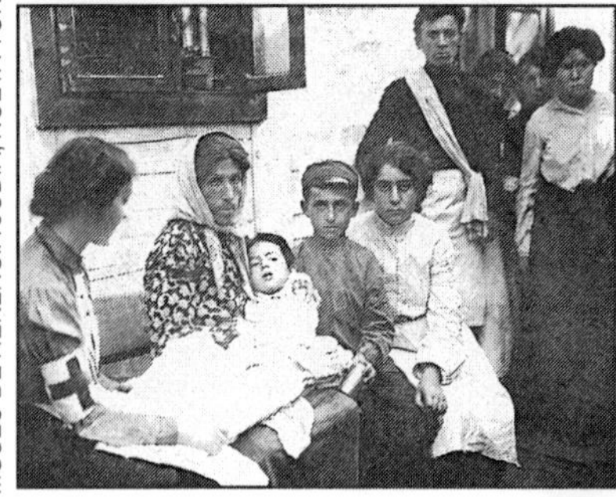

MUSEO DE HERENCIA JUDÍA, NUEVA YORK

CENTRO: Familia judía atacada durante pogromo en Belostok en 1906, donde bandas reaccionarias asesinaron a 80 judíos. Desde antes de la revolución de 1917, Lenin y los bolcheviques llamaron a los trabajadores a organizar milicias contra la violencia antijudía.

ABAJO: Afiche antisemita, difundido por contrarrevolucionarios en 1919, muestra al comandante del Ejército Rojo León Trotsky como "diablo" judío.

la población, a fin de organizar pogromos, si no de dirigirlos directamente. Más de 4 mil personas fueron asesinadas y más de 10 mil mutiladas en 100 poblados. Estas espantosas masacres de judíos pacíficos, de sus esposas e hijos, provocaron repugnancia en todo el mundo civilizado. Estoy pensando, naturalmente, en la repugnancia que sienten los elementos verdaderamente democráticos del mundo civilizado, que son *exclusivamente* los trabajadores socialistas, los proletarios.

La burguesía, aun en los países más libres, en las repúblicas de Europa Occidental, combina muy bien sus frases hipócritas sobre las "atrocidades rusas" con las más descaradas transacciones financieras, especialmente con apoyo financiero al zarismo y la explotación imperialista de Rusia mediante la exportación de capitales, etc.

Organizar la autodefensa contra los pogromos

V.I. LENIN, JUNIO DE 1906

Se ha acumulado demasiado material inflamable en la vida social rusa.[4] La lucha cuyo camino ha sido preparado por siglos de inaudita violencia, martirio, tortura, saqueo y explotación se ha vuelto demasiado generalizada y aguda... Ya es imposible impedir que los más oprimidos e ignorantes "súbditos" proclamen las demandas de una dignidad humana y cívica que está despertando. Tampoco la vieja autoridad, que siempre ha hecho las leyes, puede ser frenada con exhortaciones a que respete las leyes, cuando al luchar por su existencia recurre a los métodos más desesperados, salvajes y furiosos.

El pogromo de Belostok es una muestra particularmente notable de que el gobierno ha empuñado las armas contra el pueblo. ¡La vieja pero siempre nueva historia de los pogromos rusos! Siempre nueva, hasta que el pueblo logre la victoria, hasta que las viejas autoridades sean barridas por completo…

La policía organiza el pogromo de antemano. La policía lo instiga: imprimen volantes en imprentas del gobierno que llaman a masacrar a los judíos. Cuando comienza el pogromo, la policía no hace nada. Las tropas observan en silencio las acciones de las Centurias Negras.

Pero después, esa misma policía sigue la farsa de enjuiciar a los pogromistas. Las investigaciones y los juicios realizados por los funcionarios del viejo poder siempre terminan igual. Los casos se prolongan, no declaran culpable a ninguno de los pogromistas, a veces hasta llevan a la corte a los judíos e intelectuales golpeados y mutilados. Pasan los meses. Y la vieja pero siempre nueva historia queda olvidada hasta el próximo pogromo…

Sí, la oprimida y martirizada población judía teme [ser culpada de su propia persecución], y tiene sobrados motivos… Es cierto. ¡Pero *no es toda la verdad*, señores miembros de la Duma…

Ustedes saben que esos pobladores oprimidos *no se atreverán* a nombrar a los *verdaderos responsables* del pogromo. *Ustedes* [los diputados burgueses liberales y reformistas socialdemócratas que dicen oponerse al zarismo] *deben nombrarlos*. Para eso son diputados del pueblo. Para eso gozan —aun bajo las leyes rusas— de *absoluta* libertad de expresión en la Duma. Así que no se interpongan entre las fuerzas reaccionarias y el pueblo en momentos cuando los reaccionarios armados están estrangulando, masacrando y mutilando a gente desarmada. Pónganse *abierta y totalmente* al lado del pueblo.

No se limiten a transmitir el temor de los pobladores de que los viles instigadores de los pogromos culparán a las víctimas asesinadas. *Acusen sin ambages a los culpables*: es vuestra *obligación* directa ante el pueblo. No le pregunten al gobierno si está tomando medidas para proteger a los judíos y prevenir los pogromos; más bien pregunten por cuánto tiempo el gobierno pretende proteger a los verdaderos culpables, que forman parte del gobierno. Pregunten al gobierno si cree que el pueblo estará equivocado por mucho tiempo sobre quiénes son los verdaderos responsables de los pogromos.

Acusen al gobierno abierta y públicamente. Llamen al pueblo a organizar milicias y autodefensa como *único* medio de protección contra los pogromos…

[Un diputado zarista en la Duma] afirmó categóricamente que era *mentira* decir que los pogromos son producto del odio racial, que era un invento malicioso alegar que los pogromos se deben a la impotencia de las autoridades. Él enumeró una serie de hechos que demostraban la "colaboración" entre la policía, los pogromistas y los cosacos. "Vivo en un distrito industrial grande", dijo, "y sé que el pogromo de Lugansk, por ejemplo, no adquirió proporciones pavorosas *únicamente porque* —escuchen bien, caballeros, únicamente porque— los *trabajadores desarmados* hicieron retroceder a los pogromistas con sus puños, a riesgo de ser baleados por la policía".

¿Qué es un pogromo?

V.I. LENIN, DICIEMBRE DE 1911

La única respuesta que la monarquía rusa puede dar a las manifestaciones del pueblo a favor de la libertad es desatar a pandillas de hombres que agarran a los niños judíos por las piernas y les rompen la cabeza contra las piedras, que violan a las mujeres judías y georgianas y destripan a los ancianos.[5]

No hay nacionalidad en Rusia más oprimida y perseguida que la judía

DEL PROYECTO DE LEY SOBRE LA IGUALDAD DE LAS NACIONALIDADES

V.I. LENIN, MARZO DE 1914

El Grupo Obrero Socialdemócrata de Rusia [los bolcheviques] en la Duma ha decidido presentar en la Cuarta Duma un proyecto de ley para abolir las restricciones a los derechos de los judíos y de otros no rusos.[6] Más abajo se encuentra el texto de este proyecto de ley.

El proyecto plantea la abolición de todas las restricciones nacionales contra todas las naciones: judíos, polacos, etc. Pero aborda con especial atención las restricciones contra los judíos. La razón es evidente: no hay nacionalidad en Rusia más oprimida y perseguida que la judía.

El antisemitismo echa raíces cada vez más profundas entre las capas propietarias. Los trabajadores judíos sufren un doble yugo: como trabajadores y como judíos. La persecución de los judíos ha alcanzado dimensiones increíbles en los últimos años. Basta recordar los pogromos antijudíos...

Ante esta situación, los marxistas organizados deben prestar debida atención a la cuestión judía.

Está de más decir que la cuestión judía podrá resolverse efectivamente solo junto con los problemas fundamentales que hoy afronta Rusia. Obviamente, no contamos con la Cuarta Duma [chovinista gran rusa] para abolir las restricciones contra los judíos y otros pueblos no rusos. Pero la clase trabajadora tiene el deber de hacer oír su voz. Y la voz del trabajador *ruso* tiene que resonar, y muy alta, en contra de la opresión nacional.

PROYECTO DE LEY PARA ABOLIR TODAS LAS RESTRICCIONES CONTRA LOS JUDÍOS Y TODAS LAS RESTRICCIONES POR ORIGEN O NACIONALIDAD

1. Los ciudadanos de todas las nacionalidades que viven en Rusia son iguales ante la ley.

2. A ningún ciudadano de Rusia, sin distinción de sexo o religión, se le puede restringir los derechos políticos u otros derechos por razones de origen o nacionalidad.

3. Quedan por tanto abolidas todas las leyes, disposiciones provisionales, anexos a leyes, etc., que impongan restricciones a los judíos en cualquiera esfera de la vida social y política. Queda por tanto abolido el Artículo 767, Vol. IX, que establece que “los judíos están sujetos a las le-

yes generales, siempre que *no se hayan dictado reglas especiales referentes a ellos*". Quedan por tanto abolidas todas y cada una de las restricciones a los derechos de los judíos en cuanto a la residencia, los viajes, el derecho a la instrucción, el derecho a ocupar empleos estatales y públicos, los derechos electorales, el servicio militar, el derecho a comprar y arrendar bienes raíces en ciudades, pueblos, etc. Y también quedan abolidas todas las restricciones al derecho de los judíos a ejercer profesiones liberales, etc.

4. Se adjunta a la presente ley una lista de leyes, ordenanzas, reglas provisionales, etc., que limitan los derechos de los judíos y que están sujetas a ser derogadas.

◆

Una gran revolución internacional

LEÓN TROTSKY, 1929

León Trotsky, presidente del Soviet de Diputados de Trabajadores y Soldados de Petrogrado, solo fue superado por Lenin en su papel de asegurar el triunfo de la Revolución de Octubre, que llevó a la clase trabajadora al poder en Rusia. Unos días más tarde, Lenin le propuso a Trotsky encabezar el comisariado (ministerio) responsable de la seguridad del estado y la policía en el nuevo gobierno revolucionario. Trotsky describió su intercambio con Lenin en el libro Mi vida, *publicado en 1929.*

[Lenin] insistió en ponerme al frente del comisariado de asuntos interiores, pues lo más importante ahora era dar la batalla a la contrarrevolución.[7]

Yo objeté, aduciendo, entre otros argumentos, la cuestión de la nacionalidad. ¿Merecía la pena poner en manos del enemigo el arma que suponía mi estirpe judía?

Lenin casi perdió los estribos. “Hemos hecho una gran revolución internacional. ¿Qué importancia tienen esas minucias?”

Un partido proletario centralizado aumenta la fuerza de nuestra ofensiva

V.I. LENIN, FEBRERO DE 1903

En 1903 se libraron dos batallas políticas decisivas en el seno del Partido Obrero Socialdemócrata Ruso (POSDR) que establecieron el carácter de un partido revolucionario capaz de dirigir a la clase trabajadora al poder. La primera culminó a principios de ese año, cuando un grupo dentro del POSDR llamado el Bund rompió con el partido y se proclamó una organización “independiente” de trabajadores judíos.

Lenin calificó esta escisión como “el colmo de la locura” y respondió que una organización obrera capaz de derrocar al zarismo y la dictadura del capital tenía que ser un partido políticamente centralizado de cuadros de todos los orígenes, no un partido federado de grupos nacionales autónomos.

La segunda batalla política, librada el mismo año durante el segundo congreso del POSDR, dio origen a los bolcheviques bajo la dirección de Lenin: un partido unificado de todos los revolucionarios en Rusia, abierto a todo miembro que “acepta su programa” y “apoya al partido económicamente y con su participación individual en una de las organizaciones del partido”.

A continuación se reproducen fragmentos del artículo que Lenin escribió en febrero de 1903 en respuesta a la escisión del Bund judío.

El Bund no hace más que confundir el tema y sembrar entre los trabajadores judíos ideas que tienden a *ofuscar* su conciencia de clase.[8] Desde el punto de vista de la lucha de toda la clase trabajadora de Rusia por la libertad política y por el socialismo, [esta escisión] es el colmo del absurdo...

Y este hecho profundamente lamentable no es casual. Desde el momento que reclamaron la "federación" en vez de la autonomía para los asuntos que afectan al proletariado judío, ustedes se vieron *obligados* a proclamar que el Bund era un "partido político independiente", para llevar a cabo *a toda costa* este principio de la federación.

Sin embargo, el declarar al Bund un partido político independiente reduce al absurdo el error fundamental que ustedes cometieron sobre la cuestión nacional, lo cual inevitablemente será el punto de partida para un viraje en las perspectivas del proletariado judío y de los socialdemócratas judíos en general.

La "autonomía" en los Estatutos de 1898 le asegura al movimiento obrero judío todo lo que necesita: propaganda y agitación en yiddish, sus propias publicaciones y congresos, el derecho a presentar reivindicaciones específicas para suplementar un solo programa socialdemócrata general y para satisfacer las necesidades y demandas locales que surgen de las condiciones especiales del modo de vida judío.

En todo lo demás debe haber una fusión total con el proletariado ruso, en interés de la lucha librada por todo el proletariado de Rusia. Respecto al temor de verse "arrollados" en caso de una fusión, el carácter mismo del caso lo deja sin fundamento, pues es precisamente la autonomía lo que da garantías contra la posibilidad de quedar "arrollados" en las cuestiones que corresponden específicamente al movimiento *judío*.

Pero en las cuestiones relativas a la lucha contra la autocracia, a la lucha contra la burguesía de Rusia en su conjunto, debemos actuar como una organización combativa única y centralizada. Debemos tener detrás de nosotros a todo el proletariado, sin distinción de idioma o nacionalidad. Un proletariado cuya unidad está cimentada por la acción conjunta al resolver los problemas teóricos y prácticos, los tácticos y organizativos.

No debemos crear organizaciones que marchen separadas, cada una por su propio camino. No debemos debilitar la fuerza de nuestra ofensiva fraccionándonos en múltiples partidos políticos independientes. No debemos introducir distanciamiento y aislamiento para después tener que sanar una enfermedad implantada artificialmente con la ayuda de esta tan cacareada "federación".

Forjar un movimiento estadounidense más grande

JAMES P. CANNON

El siguiente relato tomado del libro The First Ten Years of American Communism: Report by a Participant *(Los primeros diez años del comunismo americano: Informe de un partícipe), de James P. Cannon, arroja más luz sobre la insistencia de Lenin de oponerse a la fragmentación, en base a distinciones nacionales, de un partido proletario centralizado.*

Cannon fue uno de los dirigentes fundadores del Partido Comunista en Estados Unidos en 1919. En sus primeros años, formó parte de una corriente política que abogaba a favor de que el PC dejara de ser una estructura federada de grupos de inmigrantes, organizados por idioma, y se transformara en un partido proletario basado en el centralismo revolucionario y organizado políticamente de una manera bolchevique.

En el breve fragmento a continuación, Cannon recuerda el aporte que los miembros judíos del partido hicieron a esta lucha por la "americanización" del PC, el nombre que se dio entonces en el partido a esta transformación.

Existía una base sólida para nuestra alianza con los dirigentes judíos.[9]

Puede parecer incongruente que una nueva lucha por la "americanización" —con una franca orientación proletaria, sindical, hacia el Medio Oeste, y con un liderazgo autóctono americano— comience con una alianza forjada con los dirigentes judíos, quienes además eran todos neoyorquinos e intelectuales. Pero en la vida real no fue tan contradictoria como lo que parece en letra impresa.

Los comunistas judíos estaban mucho más asimilados a la vida estadounidense que los demás grupos de lenguas extranjeras. Tenían una apreciación más realista de lo decisivo que sería contar con una dirección del partido que fuera vista como un producto americano genuino.

Ellos querían formar parte de un movimiento estadounidense más grande, y no simplemente ser los dirigentes de una secta estéril de neoyorquinos y comunistas nacidos en el exterior. Creo que esta fue su principal motivación para aliarse con nosotros, y fue una motivación políticamente sólida de su parte.

CAPÍTULO 3

El internacionalismo proletario, no el nacionalismo burgués reaccionario

La Revolución Bolchevique de octubre de 1917 inspiró uno de los mayores avances revolucionarios en la historia de la humanidad, comparable solo a la profundidad y al impacto del derrocamiento de la monarquía francesa en 1789.

Tras la matanza imperialista de la Primera Guerra Mundial, la clase trabajadora en Alemania y también en Hungría buscaron emular a los trabajadores y campesinos del imperio zarista. Se propagaron batallas obreras en el Reino Unido, Italia, Estados Unidos y otros países. Rebeliones contra la dominación imperialista sacudieron el mundo colonial por toda Asia, el Medio Oriente, África y América.

El informe de Lenin al Segundo Congreso de la Internacional Comunista en 1920 acerca de las "Tesis sobre las cuestiones nacional y colonial", junto con su borrador para esa resolución, señalaron claramente las líneas de clase según las cuales las organizaciones obreras revolucionarias están obligadas a distinguir entre las organizaciones y movimientos políticos en los países coloniales y semicoloniales. Siempre y en todas partes, el objetivo es promover la conciencia política proletaria en la lucha contra el imperialismo e impulsar la revolución socialista mundial.

Los comentarios de León Trotsky en 1934 sobre la lucha contra la persecución de los judíos se fundamentan en la misma perspectiva comunista, tanto en la teoría como en las consecuencias prácticas.

◆

Los comunistas apoyan los movimientos que ayudan a educar y organizar a las masas explotadas

DEL INFORME SOBRE LAS CUESTIONES NACIONAL Y COLONIAL, SEGUNDO CONGRESO DE LA INTERNACIONAL COMUNISTA

V.I. LENIN, JULIO DE 1920

No cabe la menor duda de que todo movimiento nacional revolucionario no puede ser más que un movimiento democrático-burgués, dado que la masa fundamental de la población en los países atrasados son campesinos, quienes representan relaciones capitalistas burguesas.[1] Sería utópico pensar que los partidos proletarios en esos países atrasados, si es que pueden surgir, podrán aplicar tácticas y una política comunista sin establecer relaciones concretas con el movimiento campesino y sin darle un apoyo efectivo.

Ahora bien, se ha objetado que si hablamos del movimiento democrático-burgués, estaremos borrando todas las distinciones entre los movimientos reformistas y revolucionarios. Sin embargo, esta distinción se ha manifestado recientemente con toda claridad en los países atrasados y coloniales, ya que la burguesía imperialista está haciendo todo lo posible para implantar también un movimiento reformista entre las naciones oprimidas.

Se ha visto cierto acercamiento entre la burguesía de los países explotadores y la de las colonias, de modo que muy frecuentemente —quizás en la mayoría de los casos— la burguesía de los países oprimidos, si bien apoya al movimiento nacional, coincide plenamente con la burguesía imperialista, es decir, suma fuerzas con ella contra todos los movimientos revolucionarios y las clases revolucionarias. Este hecho se demostró irrebatiblemente en la comisión y decidimos que la única actitud correcta era tomar en cuenta esta distinción, y en casi todos los casos, sustituir el término "democrático-burgués" con *nacional revolucionario.*

La importancia de este cambio es que nosotros, como comunistas, debemos apoyar y apoyaremos los movimientos burgueses de liberación en las colonias siempre y cuando sean verdaderamente revolucionarios, y cuando sus exponentes no obstruyan nuestro trabajo de educar y organizar con espíritu revolucionario a los campesinos y a las grandes masas de los explotados.

◆

“Los comunistas apoyan los movimientos burgueses de liberación nacional en las colonias solo cuando son realmente revolucionarios, cuando no nos impiden educar y organizar a las masas en un espíritu revolucionario”. ***—V.I. Lenin, 1920***

Rebelión antiimperialista en Shanghai, China, junio 1919. La Revolución Rusa inspiró un ascenso de luchas anticoloniales y revolucionarias en Asia y el Medio Oriente.

Campesinos egipcios protestan en El Cairo durante revuelta contra dominio británico, marzo 1919.

DERECHA: Lenin habla en el Segundo Congreso de la Internacional Comunista, julio 1920, Petrogrado, Rusia. La Comintern bajo la dirección de Lenin defendió las luchas contra el colonialismo y la opresión imperialista.

ARCHIVOS HUMBERT-DROZ

Lenin dijo que los comunistas "deben combatir el pan-islamismo y semejantes tendencias" que "pretenden reforzar la posición de los kanes, latifundistas y mullahs".

ARRIBA: Agosto 1929. Sobrevivientes de pogromo en Palestina, entonces bajo el dominio británico, donde más de 130 judíos fueron masacrados. El ataque fue instigado por fuerzas islamistas reaccionarias que intentaban desviar la oposición popular al colonialismo británico hacia la violencia antijudía.

Para impulsar la liberación nacional, combatir las fuerzas reaccionarias en el mundo colonial

DEL PROYECTO DE TESIS SOBRE LAS CUESTIONES NACIONAL Y COLONIAL

V.I. LENIN, JUNIO DE 1920

El nacionalismo pequeñoburgués llama internacionalismo al mero reconocimiento de la igualdad de derechos entre las naciones.[2] Aparte de que este reconocimiento es puramente verbal, el nacionalismo pequeñoburgués mantiene intactos los intereses nacionales propios, mientras que el internacionalismo proletario exige, primero, que los intereses de la lucha proletaria en un determinado país sean subordinados a los intereses de esa lucha a nivel mundial. Y segundo, que una nación, al lograr una victoria sobre la burguesía, sea capaz y esté dispuesta a hacer los mayores sacrificios nacionales en aras del derrocamiento del capital internacional.

Por tanto, en los países que ya son plenamente capitalistas y tienen partidos obreros que realmente actúan como vanguardia del proletariado, una tarea esencial y primordial es la lucha contra las tergiversaciones oportunistas y pacifistas pequeñoburguesas del concepto y la política internacionalista.

Con respecto a las naciones y los estados más atrasados, donde predominan las relaciones feudales o patriarcales y patriarcal-campesinas, es especialmente importante tener en cuenta:

Primero, que todos los partidos comunistas deben ayudar al movimiento de liberación democrático-burgués en estos países, y que la obligación de prestar la más activa ayuda corresponde principalmente a los trabajadores del país al cual la nación atrasada está sometida, sea como colonia o económicamente.

Segundo, la necesidad de luchar contra el clero y demás elementos reaccionarios y medievales que tienen influencia en los países atrasados.

Tercero, la necesidad de combatir el pan-islamismo y corrientes semejantes que pretenden combinar el movimiento de liberación contra el imperialismo europeo y estadounidense con intentos de fortalecer las posiciones de los kanes, los latifundistas, los mulahs, etc.

Cuarto, en los países atrasados, la necesidad de dar apoyo especial al movimiento campesino contra los terratenientes, contra el latifundismo, contra toda manifestación o remanentes del feudalismo, y de darle al movimiento campesino el carácter más revolucionario, estableciendo la alianza más estrecha posible entre el proletariado comunista de Europa Occidental y el movimiento campesino revolucionario en Oriente, en las colonias y en los países atrasados en general. Es especialmente necesario hacer todo lo posible para aplicar los principios básicos del sistema soviético en los países donde predominan las relaciones precapitalistas, creando "soviets de trabajadores", etc.

Quinto, la necesidad de combatir resueltamente los intentos de dar un colorido comunista a las corrientes democrático-burguesas de liberación en los países atrasados. La Internacional Comunista debe apoyar los movimientos nacionales democrático-burgueses en las colonias y los países atrasados únicamente a condición de que, en estos países, los elementos de los futuros partidos proletarios —que serán comunistas no solo de nombre— estén organizados y capacitados para comprender sus tareas especiales, es decir, la lucha contra los movimientos democrático-burgueses dentro de sus respectivas naciones. La Internacional Comunista debe formar una alianza temporal con la democracia burguesa en los países coloniales y atrasados, pero no debe fusionarse con ella, y debe mantener siempre la independencia del movimiento proletario, aun si este movimiento existe solo en la forma más incipiente.

Sexto, la necesidad de explicar y denunciar constantemente entre las amplias masas trabajadoras de todos los países —y especialmente de los países atrasados— el engaño utilizado sistemáticamente por las potencias imperialistas, las cuales crean estados que, bajo el disfraz de ser políticamente independientes, dependen completamente de ellas en términos económicos, financieros y militares. Bajo las actuales condiciones internacionales, para las naciones dependientes y débiles no existe otra salvación que la de una unión de repúblicas soviéticas.

La cuestión judía no puede ser resuelta en el marco del capitalismo

DE UNA ENTREVISTA CON LA REVISTA 'CLASS STRUGGLE'

LEÓN TROTSKY, FEBRERO DE 1934

PREGUNTA: ¿Debe la Oposición de Izquierda presentar demandas especiales para ganarse a la clase trabajadora judía en Estados Unidos?[3]

LEÓN TROTSKY: El papel que los trabajadores judíos nacidos en el exterior ocuparán en la revolución proletaria estadounidense será muy importante y en ciertos aspectos decisivo. No cabe duda de que la Oposición de Izquierda debe hacer todo lo posible para penetrar en la vida de los trabajadores judíos…

PREGUNTA: Entre los círculos judíos, a usted lo consideran un "asimilador". ¿Cuál es su actitud hacia la asimilación?

TROTSKY: No entiendo por qué debería ser considerado un "asimilador". No sé, en términos generales, qué sentido tiene esta palabra.

Se entiende que me opongo al sionismo y a todas las formas de auto-aislamiento por parte de los trabajadores judíos. Insto a los trabajadores judíos de Francia a que se familiaricen más con los problemas de la vida francesa y de la clase trabajadora francesa. Sin eso, es difícil que participen en el movimiento obrero del país donde están siendo explotados.

Dado que el proletariado judío está esparcido en diferentes países, es necesario que el trabajador judío, además de su propio idioma, procure aprender el idioma de otros países como arma en la lucha de clases.

¿Qué tiene eso que ver con "asimilación"?

PREGUNTA: El Partido Comunista oficial [en Estados Unidos] caracterizó, sin reservas, los acontecimientos judío-árabes de 1929 en Palestina como un levantamiento revolucionario de las masas árabes oprimidas. ¿Cuál es su opinión de esta política? [EDITORES: En agosto de 1929, turbas árabes agredieron a judíos en Hebrón y otras ciudades de Palestina, durante las cuales fueron asesinados más de 130 judíos. También fueron muertos 116 árabes, en su mayoría baleados por la policía imperialista británica. La Internacional Comunista bajo la dirección de Stalin y sus partidos en Estados Unidos y otros países aclamaron este pogromo antijudío como una rebelión revolucionaria.]

TROTSKY: Lamentablemente no conozco los hechos suficientemente a fondo como para ofrecer una opinión definitiva. Estoy estudiando ahora el asunto.

De esa manera será más fácil ver en qué proporción y hasta qué grado estuvieron presentes elementos tales como los de liberación nacional (antiimperialistas), y los musulmanes reaccionarios y pogromistas antisemitas.

A primera vista, me parece que todos estos elementos estaban presentes.

PREGUNTA: ¿Cuál es su opinión sobre Palestina como posible "hogar" judío, y sobre una tierra para los judíos en general?

TROTSKY: Tanto el estado fascista en Alemania como la lucha árabe-judía dan nuevas y muy claras pruebas del principio de que la cuestión judía no puede ser resuelta dentro del marco del capitalismo.

Yo no sé si los judíos van a reconstituirse como nación. Pero no puede existir duda alguna de que las condiciones materiales para la existencia del pueblo judío como nación independiente solo se podrían crear mediante una revolución proletaria.

No existe tal cosa en nuestro planeta como la idea de que uno tiene más derecho a la tierra que otro.

La creación para el pueblo judío de una base territorial en Palestina o cualquier otro país es concebible solo con la migración de grandes masas humanas. Solo un socialismo triunfante puede acometer esa tarea. Se puede concebir que esto ocurra a través de un entendimiento mutuo, o con la ayuda de una especie de tribunal proletario internacional que aborde esta cuestión y la resuelva.

El callejón sin salida en que se encuentra la población judía de Alemania, así como el callejón sin salida en que se encuentra el sionismo, están inseparablemente ligados al callejón sin salida del capitalismo mundial en su conjunto. Solo cuando los trabajadores judíos vean claramente esta relación podrán evitar caer en el pesimismo y la desesperación.

CAPÍTULO 4

Continuando la perspectiva de Lenin frente a la contrarrevolución estalinista

La batalla política para que la Internacional Comunista y sus partidos continuaran una trayectoria proletaria internacionalista, encaminada a extender la revolución socialista mundial, fue iniciada por V.I. Lenin en 1922–1923. Lenin buscó ante todo el apoyo de León Trotsky en este enorme empeño, y fue Trotsky quien continuó y dirigió la lucha tras la muerte de Lenin en 1924.

Los desafíos de dirigir la Internacional Comunista estaban completamente entrelazados con la consolidación y los avances de la joven república soviética dirigida por los bolcheviques. Desde el principio, el gobierno revolucionario se empeñó en crear una federación de iguales, para unir la Rusia proletaria con los pueblos oprimidos que —desde la Ucrania actual hasta el Pacífico— habían estado encerrados en la prisión de naciones del antiguo imperio zarista.

Dicha unión solo podría lograrse con la acción voluntaria de estos pueblos, cuyo derecho incondicional a la autodeterminación nacional fue reconocido por el nuevo gobierno.

En 1922, más de 20 repúblicas y regiones autónomas ya habían decidido formar parte de esta unión voluntaria. Sin embargo, Lenin se opuso a la propuesta de José Stalin de que estas naciones "ingresaran" a la existente República Socialista Federativa Soviética de Rusia, establecida poco después de la revolución.

Por lo contrario, insistió Lenin, los rusos se unirían a otras nacionalidades "en igualdad con ellas, en una nueva unión, una nueva federación", que en diciembre de 1922 se estableció como la Unión de Repúblicas Socialistas Soviéticas (URSS). Stalin accedió a regañadientes a lo que llamó "las enmiendas insignificantes" del líder bolchevique, que según él reflejaban el "liberalismo nacionalista del camarada Lenin".

En los años siguientes, Stalin emprendió un curso que promovió el ascenso de capas burocráticas en el gobierno soviético y el Partido Comunista: una trayectoria contrarrevolucionaria que puso los intereses de esas capas sociales privilegiadas por encima de los del pueblo trabajador y de otras nacionalidades. Para defender los intereses de esa casta burocrática, Stalin abandonó la perspectiva proletaria internacionalista de Lenin de subordinar los intereses de la Rusia soviética al fortalecimiento de las luchas revolucionarias obreras y anticoloniales en otras partes del mundo.

Como parte de esta contrarrevolución política contra Lenin y el bolchevismo, Stalin y las capas privilegiadas que él representaba utilizaron el odio antijudío de manera más y más abierta y despiadada.

'Declaro una guerra a muerte al chovinismo gran ruso'

NOTA AL BURÓ POLÍTICO

V. LENIN, OCTUBRE DE 1922

Declaro una guerra a muerte al chovinismo gran ruso.[1] Lo comeré con todas mis muelas sanas en cuanto me libre de esta maldita muela.

Es *imprescindible* insistir en que *presidan* por turno el Comité Ejecutivo Central de la Unión [Soviética] un ruso, un ucranio, un georgiano, etc.

¡Imprescindible!

◆

Carta de Lenin sobre la cuestión nacional al 12º Congreso del Partido

LYDIA FÓTIEVA, ABRIL DE 1923

La siguiente carta fue escrita por Lydia Fótieva, secretaria personal de Lenin, a Lev Kámenev con copia para León Trotsky; ambos eran miembros del Buró Político del Partido Comunista de la Unión Soviética. Fótieva se refiere aquí al inédito "artículo sobre la cuestión nacional" de Lenin fechado el 31 de diciembre de 1922, que en realidad era parte de una carta al duodécimo congreso del partido que se avecinaba. Más adelante en este capítulo aparece un fragmento de esta carta. Debido a los derrames cerebrales que sufrió en diciembre de 1922 y marzo de 1923, Lenin no pudo presentar sus criterios a los delegados en persona, como había pensado hacer inicialmente.

Al inaugurarse el congreso el 17 de abril de 1923, el comité que lo presidía se opuso a darles a los delegados los planteamientos de Lenin sobre la cuestión nacional (o cualquier otra parte de la carta) y decidió que no se debatirían. El congreso aprobó una resolución presentada por Stalin que —sin mencionar las perspectivas de Lenin— advirtió en contra de "una nueva teoría en el sentido de que hay que colocar al proletariado gran ruso en una posición desventajosa con respecto a las antiguas naciones oprimidas". Ninguna de las propuestas de Lenin fue divulgada a los delegados o implementada.

Al camarada Kámenev (copia para el camarada Trotsky):[2]

Como complemento a nuestra conversación telefónica, le comunico a usted, como presidente del Politburó, lo siguiente:

Como ya le mencioné, el 31 de diciembre de 1922, Vladímir Ilyich dictó un artículo sobre la cuestión nacional.

Este problema lo ha atormentado enormemente, y se preparaba para intervenir al respecto en el congreso del partido. Poco antes de su última recaída, me dijo que publicaría el artículo, pero más adelante. Después volvió a empeorar sin darme órdenes definitivas.

Vladimir Ilyich consideraba que su artículo debía servir como guía, y lo consideraba de una enorme importancia. Por disposición suya se le transmitió al camarada Trotsky, al que Lenin encomendó defender su punto de vista sobre dicha cuestión en el congreso del partido a partir de la solidaridad que ellos guardaban al respecto.

La única copia del artículo que poseo se encuentra guardada, por instrucción de Vladímir Ilyich, en sus archivos secretos.

Hago de su conocimiento todos estos hechos.

No pude hacerlo antes porque, por problemas de salud, apenas hoy retorné al trabajo.

◆

'Ni la menor rudeza o injusticia hacia otras nacionalidades'

DE LA CARTA AL 12° CONGRESO DEL PARTIDO

V.I. LENIN, DICIEMBRE 1922

El daño que puede causar a nuestro estado la falta de unificación entre los aparatos nacionales y el aparato ruso es infinitamente menor que el que causará, no solo a nosotros, sino a toda la Internacional, y a los centenares de millones entre los pueblos de Asia, que en un futuro próximo deberán seguirnos y actuar en el escenario de la historia.[3]

Sería un oportunismo imperdonable si nosotros, en vísperas de esta entrada del Oriente, justo cuando comienza a despertar, socavásemos nuestro prestigio ante sus pueblos con la menor rudeza o injusticia hacia nuestros propios habitantes no rusos. Una cosa es la necesidad de unirse contra los imperialistas de Occidente, defensores del mundo capitalista. En eso no cabe duda alguna, y resulta superfluo decir que lo apruebo en absoluto. Otra cosa es cuando nosotros mismos caemos, aunque solo sea en cuestiones de detalle, en actitudes imperialistas hacia las nacionalidades oprimidas, socavando así toda nuestra sinceridad de principios, toda nuestra defensa de principios en la lucha contra el imperialismo.

Ahora bien, el mañana de la historia mundial será un día en que los pueblos oprimidos por el imperialismo, que ya despiertan, se levanten finalmente y comiencen una larga, dura y decisiva lucha por su liberación.

El programa de la revolución internacional o del socialismo en un solo país

DEL 'PROYECTO DE PROGRAMA DE LA INTERNACIONAL COMUNISTA, UNA CRÍTICA DE LOS FUNDAMENTOS'

LEÓN TROTSKY, 1928

En nuestra época, que es la época del imperialismo, es decir, de la economía mundial y la política *mundial* bajo la hegemonía del capital financiero, ningún partido comunista puede establecer su programa partiendo exclusiva o principalmente de las condiciones y las tendencias de los acontecimientos en su propio país.[4] Lo mismo es completamente aplicable al partido que ejerce el poder estatal dentro de las fronteras de la Unión Soviética.

El 4 de agosto de 1914 [los primeros cañonazos de la primera guerra mundial] se pronunció definitivamente la muerte de los programas nacionales. El partido revolucionario del proletariado solo puede basarse en un programa internacional que corresponda al carácter de la época actual, la época del máximo desarrollo y del colapso del capitalismo.

Un programa comunista internacional no es de ninguna manera la suma de los programas nacionales, ni una combinación de sus elementos comunes. El programa internacional se basa directamente en un análisis de las condiciones y tendencias de la economía mundial y del sistema político mundial en su conjunto, con todas sus relaciones y contradicciones, es decir, con la dependencia mutuamente antagónica de sus distintas partes.

En la época actual, mucho más que en el pasado, la orientación nacional del proletariado debe y puede partir exclusivamente de una orientación mundial, y no al revés. Ahí radica la diferencia básica y principal entre el internacionalismo comunista y todas las variedades del socialismo nacional...

Hemos insistido en estas consideraciones desde 1923–24, cuando se planteó la cuestión de Estados Unidos de América en toda su amplitud como problema de política mundial, y en el sentido más directo de la palabra, de política *europea*...

No se ha evaluado en absoluto el *nuevo* papel de Estados Unidos en Europa desde la capitulación del Partido Comunista Alemán y la derrota del proletariado alemán en 1923. No se ha intentado explicar que el período de la "estabilización", "normalización" y "pacificación" de Europa, al igual que la "regeneración" de la socialdemocracia, han avanzado en estrecha relación material e ideológica con los primeros pasos de la intervención estadounidense en los asuntos europeos...

Por otra parte, no se ha mencionado el hecho (y es un aspecto igualmente importante del mismo problema mundial) de que es precisamente el poder internacional de Estados Unidos, y su consiguiente expansión incontenible, lo que obliga a Estados Unidos a incorporar los polvorines de todo el mundo a las bases de su estructura. O sea, todos los antagonismos entre Este y Oeste, la lucha de clases en la Vieja Europa, las rebeliones de las masas coloniales y todas las guerras y revoluciones.

Por una parte, esto transforma el capitalismo norteamericano en la fuerza contrarrevolucionaria fundamental de la época moderna, siempre más interesada en mantener el "orden" en todos los rincones del planeta. Por otra parte, esto prepara el terreno para un gigantesco estallido revolucionario dentro de esta potencia imperialista mundial, potencia que ya predomina y se sigue expandiendo. La lógica de las relaciones mundiales indica que este estallido no puede quedar muy por detrás de la revolución proletaria en Europa...

Si en la última década la principal causa de las situaciones revolucionarias eran las consecuencias directas de la guerra imperialista, en la segunda década de la posguerra la causa más importante de los levantamientos revolucionarios serán las relaciones entre Europa y Estados Unidos. Una gran crisis en Estados Unidos anunciará nuevas guerras y revoluciones.

Repetimos: no faltarán las situaciones revolucionarias. Todo dependerá del partido internacional del proletariado, de la madurez y capacidad de lucha de la Internacional Comunista y de lo acertado que sean su posición estratégica y sus métodos tácticos.

◆

Las traiciones de las luchas obreras por los Partidos Comunistas y Socialistas allanaron el camino para la matanza imperialista de la II Guerra Mundial y el Holocausto nazi.

MUSEO HISTÓRICO ALEMÁN

ARRIBA: Berlín, 1933. Tropas de asalto nazis ocupan sede sindical. Cuando el Partido Comunista Alemán rehusó formar un frente único con el Partido Socialdemócrata para derrotar el terror nazi, los fascistas tomaron el poder y aplastaron al movimiento obrero sin resistencia.

CENTRO: España, 1936. Trabajadores forman milicias para defender la república contra rebelión fascista dirigida por el general Franco. La revolución fue derrotada cuando dirigentes del PC estalinista subordinaron luchas obreras al gobierno del Frente Popular, una coalición con el PS y capitalistas y latifundistas liberales.

ABAJO: Francia, mayo 1936. Obreros ocupan fábrica de autos Renault durante ola de huelgas de brazos caídos de 2 millones de trabajadores, que amenazó con tumbar al gobierno capitalista. Los Partidos Comunista y Socialista se integraron al gobierno del Frente Popular y abogaron por "armonía social" con los patrones, desmovilizando el auge revolucionario.

El régimen estalinista está reavivando las tradiciones antisemitas del zarismo

DE UNA ENTREVISTA CON EL 'JEWISH DAILY FORWARD'

LEÓN TROTSKY, ENERO DE 1937

Lo que distingue la nueva constitución [soviética de 1936] de la anterior [1924] es el intento de *fortalecer y perpetuar los vastos privilegios económicos y la absoluta dictadura de la burocracia soviética.*[5]

Usted me pregunta sobre el juicio contra los 16. Sobre este tema estoy terminando un librito, en el cual espero demostrar a toda persona con espíritu crítico y honesto que el juicio de Moscú fue la mayor falsificación en la historia política de todo el mundo. Los procesos tan históricamente conocidos como el de Beilis en Rusia zarista, el de Dreyfus en Francia y el juicio por el incendio del *Reichstag* [parlamento] en Alemania son un juego de niños comparados con el proceso a los 16. Y se avecinan nuevos juicios...

Entre más crezcan los privilegios de la casta dominante soviética, más severamente tendrá esta que suprimir toda voz crítica y opositora. Pero no puede castigar abiertamente a sus opositores ante los ojos del pueblo por exigir más igualdad y más libertad. Se ve obligada a hacer falsas acusaciones contra los oposicionistas. Ya en 1927 me había quedado claro que la burocracia atribuiría diversos crímenes horribles a la Oposición, y que tendría que sofocar la independencia de las masas populares para que la verdad no saliera a la luz.

Para desarrollar estas ideas, escribí el 4 de marzo de 1929: "A Stalin solo le queda un camino: tratar de trazar una línea de sangre entre el partido oficial y la Oposición. Para él es *absolutamente necesario vincular a la Oposición con crímenes terroristas, la preparación de insurrecciones armadas, etc.*"...

Usted me pregunta si existe una relación entre el juicio de Moscú y el antisemitismo. ¡Categóricamente sí!... Quien estudie atentamente la vida interna de la Unión Soviética, quien lea la prensa soviética línea por línea y entre líneas, habrá visto claramente desde hace mucho tiempo que los burócratas soviéticos están haciendo un doble juego respecto a la cuestión judía y otros temas.

Desde luego, con palabras se pronuncian en contra del antisemitismo; no solo enjuician a pogromistas fanáticos sino que también los fusilan. Pero al mismo tiempo explotan sistemáticamente los prejuicios antisemitas para comprometer a todos los grupos de la Oposición. En los comentarios sobre los juicios políticos, sobre los gustos artísticos de los acusados, sobre el carácter de su posición social, existe siempre e invariablemente la sugerencia de que la Oposición es producto de la intelectualidad judía.

Hay que decirlo abiertamente: en este plano la burocracia estalinista ha reavivado de una forma más cortés la tradición de la burocracia zarista. El desarrollo económico y cultural de todas las demás nacionalidades también sufre a causa de la dictadura de la burocracia bonapartista.

Son absurdos y deshonestos los intentos de presentarme a mí y a mis partidarios como enemigos de la Unión Soviética. Yo no confundo la diferencia que ha surgido entre la

"La burocracia estalinista reavivó el antisemitismo del régimen zarista". *—León Trotsky, 1937*

ARRIBA: El régimen de Stalin orquestó en 1936–38 los amañados juicios de Moscú, donde fueron condenados a muerte dirigentes centrales de la Revolución Bolchevique, entre ellos León Trotsky, entonces exiliado en México. Muchos fueron tildados de "judíos criminales" que se vendían al régimen nazi. Aquí, una caricatura publicada por el régimen soviético denuncia al "Judas Trotsky".

FULL ABSTRACT OF COMMISSION REPORT--Page 5

SOCIALIST APPEAL

Published Weekly as the Organ of the Socialist Party of New York, Left Wing Branches.

Vol. I - No. 28. | Saturday, December 18, 1937 | 5 Cents per Copy

"Trotsky Innoc
Trials Fram

"We find the Moscow Trials to be a frame-up" "We find Trotsky and

CENTRO: El Partido Socialista de los Trabajadores expuso los juicios de Moscú en la prensa partidista, diciembre 1937.

ABAJO: En el infame "Complot de los Médicos", nueve médicos, seis de ellos judíos, fueron encarcelados bajo cargos falsos de conspirar para asesinar a dirigentes soviéticos. La revista soviética *Krokodil* los ilustró en una caricatura antisemita. El caso fue desechado tras la muerte de Stalin en marzo de 1953.

Unión Soviética y la casta burocrática. Creo en el futuro de la Unión Soviética, que se liberará de la burocracia y completará la labor iniciada por la Revolución de Octubre...

Acerca de la cuestión judía, lo primero que puedo decir es que no se puede resolver en el marco del sistema capitalista, ni tampoco la puede resolver el sionismo. En un momento creí que los judíos se asimilarían a los pueblos y las culturas en cuyo seno vivían. Eso ocurrió en Alemania y Estados Unidos, y por eso era posible hacer aquel pronóstico.

Pero ahora es imposible decir esto. La historia reciente nos ha dado lecciones al respecto. La suerte de los judíos se ha planteado como tema candente, especialmente en Alemania, y a los judíos que habían olvidado su ascendencia se la recordaron claramente. Preveo el desarrollo de una situación parecida en Francia, donde ya hay indicaciones de fuertes corrientes antisemitas, ni hablar de la forma brusca en que se ha manejado la cuestión judía en los países capitalistas de Europa Oriental en los últimos años.

Si el capitalismo sobrevive muchos años más, la cuestión judía se planteará con la misma agudeza en todos los países donde viven judíos, incluido Estados Unidos.

No puedo decir qué será de los judíos dentro de unos cuantos siglos, como tampoco podría decir qué será de los mexicanos. Pero sí sé que solo la revolución socialista resolverá la cuestión judía. Hablo de la cuestión judía en términos generales, porque conozco poco sobre los problemas internos de la vida judía. Sin embargo, puedo afirmar que bajo el orden socialista, los judíos también podrán y deberán llevar su propia vida como pueblo, con su propia cultura, que en los últimos años ha experimentado un profundo desarrollo.

La cuestión territorial es pertinente porque para un pueblo es más fácil llevar a cabo un plan económico y cultural cuando vive en una masa compacta. Ese problema surgirá bajo el socialismo. Con el consentimiento de los judíos que lo deseen, podría darse una libre migración masiva, en la que nadie se vería obligado a participar, como tampoco, en términos generales, nadie será gobernado por la fuerza en el estado socialista. Porque si un grupo de judíos afirma que desea vivir bajo el socialismo en una cultura judía, que les permitirá mantener sus propias tradiciones y espíritu, entonces ¿por qué no podrían hacerlo?

El desarrollo cultural requiere la concentración en un lugar compacto, porque esto facilita la difusión de la cultura entre las amplias masas con la diseminación masiva de la prensa, el teatro, etc. Si esto lo desean los judíos, el socialismo no tendrá derecho a negárselo. Quiero subrayar que no estoy diciendo que los judíos deben poseer un territorio, porque bajo el socialismo los judíos, como todo pueblo, podrán residir donde quieran con plena libertad y seguridad.

Pero solo la revolución proletaria puede resolver la cuestión judía con todas sus implicaciones. Por esta razón, las masas trabajadoras judías deben trabajar y luchar hombro a hombro con los trabajadores de todos los países para lograr esta meta.

Los reveses en la revolución engendran un desenfrenado chovinismo y odio antijudío

LEÓN TROTSKY, FEBRERO DE 1937

La burocracia privilegiada, que teme por sus privilegios y por tanto está completamente desmoralizada, representa hoy *la capa más antisocialista y antidemocrática de la sociedad soviética.*[6] En su lucha para mantenerse, explota los prejuicios más arraigados y los instintos más ignorantes. Si en Moscú Stalin realiza juicios en los que se acusa a los trotskistas de conspirar para envenenar a los trabajadores, no es difícil imaginarse ¡a qué fétidas profundidades podrá caer la burocracia en una recóndita pocilga de Ucrania o de Asia central!...

Para demostrarles más claramente a los trabajadores las diferencias entre el "viejo" curso y el "nuevo", los judíos, aun cuando están entregados de lleno a la línea general, fueron destituidos de cargos de responsabilidad en el partido y en los soviets. No solo en las zonas rurales sino hasta en las fábricas de Moscú, los ataques contra la Oposición asumieron en muchos casos, desde 1926, un claro y abierto carácter antisemita. Muchos agitadores afirmaban descaradamente: "Los judíos se están amotinando".

Yo recibí centenares de cartas que deploraban los métodos antisemitas utilizados en la lucha contra la Oposición... Durante los meses en que se preparó la expulsión de la Oposición del partido, los arrestos y las deportaciones (en la segunda mitad de 1927), la agitación antisemita adquirió un carácter totalmente desenfrenado.

La consigna "Darle duro a la Oposición" a menudo se parecía a la antigua consigna: "Darles duro a los judíos para salvar a Rusia". El asunto llegó tan lejos que Stalin se vio obligado a pronunciarse en una declaración impresa: "Luchamos contra Trotsky, Zinóviev y Kámenev, no porque sean judíos, sino porque son oposicionistas", etc.

Para cualquier persona políticamente pensante, era más que evidente que esta declaración deliberadamente ambigua, dirigida contra los "excesos" del antisemitismo, al mismo tiempo y con total premeditación alimentaba el antisemitismo: "No olviden que los dirigentes de la Oposición son... judíos". Ese fue el *significado* de la declaración de Stalin, publicada en todos los diarios soviéticos...

El exterminio físico de la vieja generación de los bolcheviques es, para cualquier persona capaz de reflexionar, la irrefutable expresión de la reacción de Termidor en su fase más avanzada. La historia no ha conocido nunca un caso en que el período reaccionario que viene después de un ascenso revolucionario no haya estado acompañado de las más desenfrenadas pasiones chovinistas, incluido el antisemitismo...

Nuestros descendientes sabrán mucho mejor que nosotros qué hacer. Tengo en mente un período histórico de transición, durante el cual la cuestión judía como tal sigue siendo aguda y requiere medidas apropiadas por parte de una federación mundial de estados obreros. Los mismos métodos de resolver la cuestión judía, que durante el capitalismo en decadencia tienen un carácter utópico y reaccionario (el sionismo), adquirirían, en el marco de una federación socialista, un significado real y beneficioso. He ahí todo lo que quisiera señalar.

¿Cómo podría oponerse a esto un marxista, o hasta un demócrata consecuente?

La lucha contra el imperialismo y la guerra

DE 'LA AGONÍA DEL CAPITALISMO Y LAS TAREAS DE LA CUARTA INTERNACIONAL'

LEÓN TROTSKY, SEPTIEMBRE DE 1938

En 1938 León Trotsky colaboró con los dirigentes del Partido Socialista de los Trabajadores para redactar el programa de una nueva Internacional revolucionaria, un programa fundamentado en las acciones y las palabras de la Tercera Internacional dirigida por Lenin.

"La agonía del capitalismo y las tareas de la Cuarta Internacional", del cual se reproduce a continuación un fragmento, era el título de ese documento programático, adoptado en septiembre de 1938 en la conferencia de fundación de la nueva organización internacional. Se conoce mejor como el "Programa de Transición para la Revolución Socialista".

Antes de sofocar o ahogar a la humanidad en sangre, el capitalismo contamina la atmósfera global con los vapores venenosos del odio nacional y racial.[7] El antisemitismo es hoy una de las convulsiones más malignas de la agonía del capitalismo.

Exponer intransigentemente las causas de los prejuicios raciales y de todas las formas y matices de la arrogancia y el chovinismo nacional, ante todo el antisemitismo, debe formar parte del trabajo diario de todas las secciones de la Cuarta Internacional, siendo el aspecto más importante de la lucha contra el imperialismo y la guerra. Nuestro lema fundamental sigue siendo: ¡Trabajadores de todos los países, uníos!

CAPÍTULO 5

Forjando un partido proletario en Estados Unidos: Los años 30 y la Segunda Guerra Mundial

Durante la crisis económica y social global del capitalismo en los años 30 y los preparativos del capital estadounidense para la segunda matanza imperialista mundial, León Trotsky, entonces exiliado en México, colaboró estrechamente con la dirección del Partido Socialista de los Trabajadores en la lucha para forjar un partido proletario en Estados Unidos. Este trabajo fue parte integral de una lucha política más amplia en el movimiento comunista internacional.

A mediados de los años 30, iba creciendo la confianza y combatividad de los trabajadores en Estados Unidos, a medida que los niveles de empleo aumentaban después de haber tocado fondo al principio de esa década. En más y más industrias básicas, los trabajadores estaban librando y ganando luchas para sindicalizarse, lo cual dio paso al ascenso explosivo de la nueva federación sindical industrial, el CIO (Congreso de Organizaciones Industriales).

En Estados Unidos, como en otros países, cuando estas luchas empezaron a amenazar la estabilidad burguesa y el dominio de la clase capitalista surgieron grupos fascistas, cuya base, ante todo, eran las capas inseguras de la pequeña burguesía. Recibiendo cada vez más apoyo de los patrones, estas agrupaciones fascistas dirigieron sus ataques contra sindicatos, partidos obreros y judíos.

La respuesta más avanzada a este peligro fue la del poderoso Local 544 del sindicato de los Teamsters en Minneapolis. Los dirigentes centrales del sindicato local, quienes eran también dirigentes y cuadros del PST, habían llevado a los trabajadores a la victoria en las huelgas de los Teamsters de 1934 que convirtieron a Minneapolis en baluarte sindical. Después, desde esa base, sindicalizaron a un cuarto de millón de camioneros de larga distancia.

En agosto de 1938, el Local 544 inició una guardia de defensa sindical, con una amplia base, que derrotó rotundamente los intentos de los patrones en Minneapolis de utilizar a los Camisas Plateadas, un grupo fascista norteamericano, para desbaratar el sindicato de los Teamsters y atacar a judíos.

Trabajadores y sindicalistas en Nueva York, Nueva Jersey y otros estados buscaron la colaboración de la dirección de los Teamsters para combatir ataques antisindicales y antijudíos por parte de fuerzas fascistas en sus localidades. Esta colaboración sentó las bases, en febrero de 1939, para una manifestación masiva de 50 mil trabajadores y otras personas en Nueva York que contrarrestó un mitin pro-nazi de 20 mil personas en el Madison Square Garden.

A continuación, Farrell Dobbs, líder central de la vanguardia obrera con perspectiva de lucha de clases en Minnesota, y dirigente del PST, relata cómo la Guardia de Defensa Sindical del Local 544 frenó en seco a los Camisas Plateadas. Este fragmento es del libro *Política Teamster*, el tercero de los cuatro tomos que Dobbs escribió sobre estas batallas obreras de los años 30 y sus lecciones.

◆

Autodefensa obrera, no depender del estado de los patrones

DEL LIBRO 'POLÍTICA TEAMSTER'

FARRELL DOBBS

En tiempos de crisis social, los conflictos entre el capital y el trabajo tienden a estimular la actividad de demagogos políticos de mentalidad fascista.[1] Ellos anticipan que la intensificación de la lucha de clases hará que ciertos sectores de la clase dominante se alejen de la democracia parlamentaria y sus métodos de gobierno, y que recurran al fascismo como forma de mantener el poder estatal y proteger sus privilegios. Además, cada uno de estos aspirantes espera ser escogido como *führer* (caudillo) para dirigir el movimiento terrorista que se necesita en el mortífero ataque contra la clase trabajadora que acompaña este cambio de política.

Efectivamente, varios de estos aspirantes a Hitler surgieron en este país a principios de los años 30, pero avanzaron poco durante la época dominada por el tempestuoso ascenso del CIO. Sin embargo, en los años 1937–38 la situación empezó a cambiar. Se produjo un segundo descenso económico profundo, que significó el colapso del Nuevo Trato de Roosevelt. Las contradicciones sociales en general se agudizaron, a la vez que la clase dominante se fue preparando para sumir al país en la inminente guerra imperialista.

Los maldirigentes burocráticos en los sindicatos no guiaron a los trabajadores hacia un camino efectivo para enfrentar las dificultades causadas por estos acontecimientos: hacia la creación de un partido obrero independiente basado en los sindicatos. Y bajo estas condiciones, un buen número de elementos desmoralizados de la clase media en las ciudades, agricultores empobrecidos y en cierta medida trabajadores desempleados, cayeron presa de charlatanes ultraderechistas.

Por consiguiente, diversos grupos pro-fascistas comenzaron a reclutar rápidamente y, a la vez, a recibir más apoyo económico de acaudalados grupos antiobreros. Envalentonados por este nuevo respaldo, se volvieron más agresivos y provocadores. En algunos casos estos grupos organizaron bandas uniformadas de tropas de asalto, que se entrenaban abiertamente. Con o sin uniforme, estos matones fueron movilizados para desatar campañas de terror, dirigidas al principio contra los blancos más vulnerables, pero apuntadas fundamentalmente hacia el movimiento obrero organizado.

Los judíos fueron de los primeros en ser agredidos. Al igual que en la Alemania nazi, fueron usados como chivos expiatorios para intensificar los prejuicios antisemitas. El propósito ante todo era sembrar divisiones en la clase trabajadora. Pero los judíos no fueron las únicas víctimas.

En Nueva York y otras ciudades del Este, trabajadores combativos aislados fueron emboscados y golpeados. Mítines callejeros de grupos de izquierda fueron desbaratados.

En Jersey City, el connotado alcalde Frank Hague orquestó ataques de matones contra asambleas sindicales y líneas de piquetes. Y en Nueva Orleans una huelga del sindicato Teamsters fue aplastada por escuadrones extrajudiciales.

Como lo demuestran estos últimos ejemplos, las fuerzas ultraderechistas que cometían estos actos terroristas para beneficio de los capitalistas se iban enfocando rápidamente en su principal blanco de ataque: las organizaciones de masas de la clase trabajadora.

Uno de estos grupos pro-fascistas, los Camisas Plateadas de América (Silver Shirts of America), era motivo especial de preocupación para el Local 544 del Sindicato General de Choferes. William Dudley Pelley había fundado este grupo en 1932, con sede en Asheville, Carolina del Norte, y él publicaba un semanario llamado *Liberation*. Cediendo tácitamente las principales ciudades a otros ultraderechistas, Pelley se concentró en pueblos rurales y zonas agrícolas. Aunque habían logrado poco en los primeros años, los Camisas Plateadas finalmente empezaban a hacer avances.

Al parecer, una parte de la clase patronal en Minneapolis se interesó entonces en el movimiento y alentó a Pelley a que enviara a uno de sus ayudantes, Roy Zachary, a la ciudad durante el verano de 1938 para lanzar una campaña de reclutamiento. Se celebraron dos mítines de los Camisas Plateadas uno tras otro, el 29 de julio y el 2 de agosto, en el salón Royal Arcanum. Estaban cerrados al público y solo se podía asistir por invitación.

A pesar de que esto se había hecho en secreto, los Teamsters se enteraron de la llegada de Zachary y lo mantuvieron bajo estrecha vigilancia. Supieron de antemano de los mítines, y entonces lograron obtener inteligencia fiable de lo que sucedía.

El señor Belden y los Camisas Plateadas

La edición del 11 de agosto de 1938 del Northwest Organizer, *el semanario de los Teamsters de Minneapolis, publicó un editorial en primera plana con el titular de arriba. A continuación se reproducen sus párrafos iniciales y finales.*

Gracias al rabino Gordon, se ha divulgado el hecho de que George K. Belden, jefe de las Industrias Asociadas, participó personalmente en reuniones de los Camisas Plateadas, la organización fascista que se prepara para llevar a cabo ataques armados contra sedes sindicales.

Cuando el rabino Gordon hizo públicas las cartas que había enviado a Belden y a las Industrias Asociadas, estos no tuvieron más remedio que mentir para tratar de salvarse de la manera más delicada posible. Las Industrias Asociadas pasó la pelota alegando que su jefe había asistido a las reuniones de los Camisas Plateadas "meramente" en calidad individual. Belden dijo lo mismo, y añadió que solo había asistido "por curiosidad". Luego trató de disimular con la vieja treta que usa todo reaccionario y antijudío: que él tenía amigos judíos y, por tanto, había que suponer que él no apoyaba de manera incondicional el acoso antijudío de los Camisas Plateadas…

Lo importante es esto: BELDEN PLANEA UTILIZAR A MATONES FASCISTAS CONTRA LOS SINDICATOS.

¡Estemos alerta!

¡Estemos alerta, hermanos y hermanas del movimiento sindical! Vigilen bien los portales de sus sindicatos contra el peligro fascista. Mantengan los ojos abiertos en todas partes para detectar señales de las tropas de asalto fascistas. Prepárese para tratarlos como merecen ser tratados. Que cada sindicalista diga: "Hemos derramado nuestra sangre y dado la vida de nuestros mártires para organizar nuestros sindicatos. Lucharemos hasta la muerte para defender nuestros sindicatos".

Se enteraron de inmediato que el tema principal de Zachary era un llamamiento a usar matones extrajudiciales para lanzar un ataque contra la sede del Local 544.

También se supo que en ambas reuniones habían repartido materiales que invitaban a los presentes a afiliarse al "Consejo Asociado de Sindicatos Independientes" de F.L. Taylor. Por cierto, Taylor ya había mostrado sus inclinaciones fascistas al empezar a crear, unas semanas antes, una fuerza de escuadrones extrajudiciales bajo el nombre "Minnesota Minute Men". Así que le resultaba perfectamente natural juntarse con los Camisas Plateadas cuando estos se aparecieron.

Poco después, el rabino Gordon, un opositor religioso del fascismo que también había estado pendiente de las actividades de Zachary, reveló otro hecho preocupante. Gordon anunció que George K. Belden, jefe de las Industrias Asociadas, había asistido a ambos mítines de los Camisas Plateadas. Cuando la prensa le preguntó al respecto, Belden dijo a un reportero del *Minnesota Leader*, "Simpatizo con el deseo de deshacerse de extorsionistas".

En su conjunto, estos sucesos constituían una grave amenaza contra los Teamsters. Un sindicato esquirol, que había arrastrado al Local 544 a la corte, ahora estaba vinculado a los Camisas Plateadas. El papel de Belden demostraba que los patrones estaban directamente implicados en el nuevo complot antisindical. Y se hablaba de un ataque armado contra la sede de los Teamsters.

La situación exigía tomar contramedidas sin demora. Entonces el Local 544, actuando con su acostumbrada firmeza, respondió a la amenaza organizando una guardia de defensa sindical en agosto de 1938.

El *Northwest Organizer* informó sobre la creación de la guardia, y se entregó un comunicado sobre esta medida a los diarios, que destacaron reportajes al respecto. El comunicado describió las funciones del nuevo organismo como la "defensa de las líneas de piquetes, la sede y los miembros del sindicato frente a actos de violencia antisindical". El local así advirtió públicamente que se encargaría de su propia defensa, sin depositar confianza erróneamente en la policía para su protección.

Los dirigentes sindicales estaban plenamente conscientes de que los políticos capitalistas en los centros de poder no solo hacen la vista gorda a los matones fascistas, sino que a menudo incitan y ayudan esos ataques extrajudiciales contra los trabajadores. Es más. Sus subordinados —la policía— consienten y protegen actividades fascistas, se incorporan a estos movimientos y, cuando se utiliza la violencia abierta contra los sindicatos, por lo general miran para otro lado. Así habían actuado las fuerzas capitalistas del "orden público" en Alemania, Italia y otros países. La historia nos enseñaba que la situación no sería diferente en Estados Unidos.

Por lo tanto, a los trabajadores se les imponía una férrea necesidad. Para defenderse, tendrían que usar sus propias organizaciones. En ese sentido, la iniciativa pionera del Local 544 de formar una guardia de defensa sindical no solo respondía a sus propias necesidades, sino que mostraba el camino para los sindicalistas en todo el país.

No se concebía la guardia como una organización limitada a un solo sindicato, sino como el núcleo en torno al cual forjar el movimiento unido de defensa más amplio posible. Desde el principio se hicieron gestiones para incorporar otros sindicatos al proyecto. Se anticipaba que el tiempo y los acontecimientos también permitirían ampliar este frente único para abarcar a los desempleados, a las minorías, a los jóvenes: a todas las víctimas potenciales de los fascistas, matones extrajudiciales u otros reaccionarios.

Por estas razones, la organización de defensa no fue parte oficial del Local 544. Más bien, fue organizada a iniciativa de miembros dirigentes del local, quienes actuaron con la aprobación de los miembros en general. Se lanzó un proceso espontáneo de reclutamiento a través de una serie de reuniones con grupos de trabajadores. De esta manera el Sindicato General de Choferes desarrolló rápidamente la base fundamental de la guardia, y sus filas se fueron ampliando gradualmente, incorporando a miembros de otros sindicatos de la ciudad que apoyaban la idea.

La guardia no era de ninguna manera un organismo elitista. Era simplemente una organización de carácter serio y profesional que aceptaba a cualquier sindicalista activo. Los únicos requisitos para ser admitido a sus filas eran la disposición de defender los sindicatos de ataques, recibir el adiestramiento necesario y aceptar la disciplina democrática exigida para una unidad de combate. Además, sus actividades se realizaban únicamente con el consentimiento de los miembros de los sindicatos participantes y bajo su control.

Al igual que el propio Local 544, la guardia realizaba sus asuntos internos de manera democrática. Las medidas para cumplir las tareas asignadas se decidían con un debate abierto y voto mayoritario. Este procedimiento también se usaba para elegir a los dirigentes que tendrían autoridad de mando en cualquier situación de combate.

Ray Rainbolt, miembro de la plantilla del Local 544, fue elegido comandante en jefe del cuerpo de defensa. Él gozaba de credenciales impresionantes. Además de sus extensos conocimientos en la dirección de luchas sindicales, había adquirido mucho conocimiento militar durante su servicio en el ejército de Estados Unidos.

Asimismo, los trabajadores que fueron elegidos como oficiales de menor rango se habían destacado en la lucha de clases y eran reconocidos como dirigentes sindicales secundarios. Y entre las filas de la guardia, todos en mayor o menor grado habían sido probados en el combate a través de acciones huelguísticas. Entre ellos había numerosos veteranos militares con diversas destrezas desarrolladas en las fuerzas armadas. Entre sus filas había antiguos francotiradores, artilleros, tanquistas y otros más. Un buen número habían sido suboficiales. Uno había sido oficial del cuerpo de comunicaciones y otro había sido oficial del ejército alemán.

En cuanto a la estructura, el cuerpo estaba dividido en unidades pequeñas para facilitar su movilización rápida en caso de un ataque sorpresivo contra el movimiento sindical. La norma era de escuadras de cinco miembros, y un miembro de cada escuadra era designado capitán. En relativamente poco tiempo la fuerza se organizó así y creció hasta unos 600 miembros.

Los miembros de la guardia recibían un pequeño emblema para la solapa con el rótulo "544 UDG" (siglas en inglés de la Guardia de Defensa Sindical), y se recomendaba que lo portaran en todo momento. Cuando estaban de servicio, llevaban brazaletes grandes marcados visiblemente con el nombre "Guardia de Defensa Sindical 544" para identificarlos. Esto lo aceptaron de buen grado los miembros de otros sindicatos que integraban la guardia, porque entendían que el prestigioso número 544 le daba más significado al nombre.

La organización recaudaba sus propios fondos —para comprar equipos y cubrir sus gastos generales— auspiciando bailes y otras actividades sociales. Una parte de ese dinero se empleó para comprar dos pistolas de tiro al blanco calibre .22 y dos rifles calibre .22 para que los miembros de la guardia perfeccionaran su puntería. Se realizaban sesiones de práctica con regularidad, así como ensayos para entrenarse en tácticas defensivas.

Los miembros de la guardia no recibían armas de los sindicatos, ya que eso, por las condiciones existentes, los habría hecho vulnerables a cargos fabricados por la policía. Pero muchos tenían armas en la casa, que usaban para ir de caza, y las podrían haber buscado rápidamente en caso de necesidad para repeler un ataque armado de los matones de los Camisas Plateadas.

Durante los ensayos se daban conferencias sobre las tácticas empleadas en otras ocasiones por matones extrajudiciales antiobreros en este país y por fascistas en el extranjero. Luego se entablaban discusiones para elaborar medidas defensivas frente a semejantes ataques.

También se formó un departamento de inteligencia. Su tarea era estar atentos a actividades fascistas o antisemitas, materiales diseminados por dichos elementos, propaganda de esquiroles y cosas de esa índole. Ocurrió un incidente en particular que ilustra gráficamente el alcance de este brazo de inteligencia, así como la eficacia de la guardia en acción. Sucedió cuando los Camisas Plateadas intentaron organizar otro mitin, donde el mismo Pelley iba a hablar.

El día previsto para el evento, un taxista llevó a Pelley a una residencia en el distrito adinerado de la ciudad. El chofer se lo comunicó de inmediato a Rainbolt, quien llamó por teléfono al sitio y advirtió que Pelley tendría problemas si proseguía con el mitin. Para mostrar que no estaba fanfarroneando, Rainbolt encabezó una parte de la guardia sindical hacia el salón Calhoun, donde se iba a celebrar el mitin esa noche. El arribo de estas fuerzas sindicales hizo que el público se dispersara a toda prisa, y el demagogo nunca se presentó. Después, como a la medianoche, otro taxista llamó a Rainbolt para informarle que acababa de depositar a Pelley en la estación de tren Milwaukee a tiempo para que tomara el tren nocturno a Chicago.

Después de ese incidente, los Teamsters tomaron una medida diseñada para darles un mayor susto a estas fuerzas que pretendían desbaratar sindicatos. Publicaron un anuncio especial en la primera plana del *Northwest Organizer* el 29 de septiembre de 1938. El anuncio daba la instrucción a todos los capitanes de la guardia para poner sus escuadras inmediatamente en estado de máxima fuerza y en pie de movilización, listos para entrar en acción con poco preaviso.

La medida pareció tener el efecto deseado, ya que los Camisas Plateadas trasladaron su siguiente reunión a la vecina ciudad de St. Paul. La hicieron el 28 de octubre en el Salón Minnehaha, y el lugar estuvo fuertemente custodiado por la policía. Zachary fue el orador principal. Según informó la prensa la mañana siguiente, él se jactó afirmando:

"Los dirigentes del 544 han dicho que no podemos hacer reuniones en Minneapolis, pero las vamos a hacer, con la ayuda de la policía. La policía sabe que algún día van a necesitar nuestro apoyo y por eso nos apoyan ahora".

Los Teamsters tomaron en serio el argumento de Zachary, por varias razones. El evento de St. Paul podía ser más que un simple intento de levantar la baja moral de los elementos pro-fascistas celebrando un mitin exitoso. También podían estar tratando de presionar a las autoridades de Minneapolis para brindarles una protección policial similar en esa ciudad. En ese caso, era probable que las Industrias Asociadas estuvieran implicadas.

Ante estas posibilidades, el alto mando de la guardia de defensa sindical decidió organizar una muestra pública de fuerza. Esto cumplía una doble finalidad: dejar claro a todos que los Camisas Plateadas no iban a poder actuar en Minneapolis sin una lucha seria y, al mismo tiempo, poner a prueba la eficacia de la guardia en esta movilización.

Se convocó a una movilización urgente del cuerpo de defensa, con apenas una hora de preaviso. Solo tres personas tuvieron conocimiento previo de lo que se hacía. Como parte de esta prueba, se hizo creer a los demás que había surgido una verdadera crisis. A la hora indicada, apenas 60 minutos después de la convocatoria inicial, unos 300 miembros de la guardia se presentaron listos para la acción. Fue una ejecución impresionante.

La movilización se llevó a cabo en un terreno baldío en el centro de la ciudad, para que mucha gente la viera. Una vez congregados los hombres, Rainbolt les explicó que había sido una práctica para dar una advertencia más a los Camisas Plateadas y a los patrones que los apoyaban. Luego se entabló una discusión objetiva para evaluar los resultados del ensayo.

Ya que diversos planes personales para esa noche se habían desbaratado abruptamente, hacía falta un poco de diversión a modo de compensación. La guardia fue llevada marchando en una larga columna —luciendo los brazaletes— hasta un teatro de variedades en el centro de la ciudad, donde se había reservado un grupo de asientos.

En cuanto a los ultraderechistas, parece que captaron muy bien el mensaje del sindicato. Zachary desistió de sus intentos de hacer mítines en Minneapolis. Decayó la propaganda fascista, y después de un tiempo quedó evidente que los Camisas Plateadas habían abandonado por completo su campaña de reclutamiento.

A pesar de este cambio favorable en la situación, la guardia de defensa sindical se mantuvo como garantía contra cualquier resurgimiento de la amenaza fascista. Pero el carácter de sus actividades cambió. Se fue reduciendo la frecuencia de las prácticas y los ensayos. La principal función de la guardia pasó a ser la protección de picnics y otros eventos sociales grandes del sindicato. De vez en cuando se realizaba una muestra pública para recordarles a las fuerzas antisindicales que el cuerpo de defensa continuaba existiendo.

En resumen, el Local 544 no solo rechazó otro ataque capitalista. Gracias a esta experiencia con los Camisas Plateadas, muchos miembros del sindicato adquirieron una mejor comprensión de la necesidad de la autodefensa obrera, y los mejores militantes asimilaron más a fondo las leyes de la lucha de clases.

Nuestra perspectiva sobre la cuestión judía: La lucha de clases internacional

TESIS SOBRE LA CUESTIÓN JUDÍA

COMITÉ POLÍTICO DEL PST, 1938

Unos meses después de que el movimiento comunista en Estados Unidos adoptó su actual forma como Partido Socialista de los Trabajadores a principios de 1938, el Comité Político del partido aprobó una resolución sobre la cuestión judía. En noviembre el Comité Nacional del PST emitió una declaración en respuesta a los pogromos nazis de Kristallnacht *ocurridos en Alemania a principios de ese mes. Ese llamado a la acción inició una campaña que el partido organizó y dirigió —antes, durante y después de la Segunda Guerra Mundial— para exigir que Washington abriera las puertas a los judíos que buscaban refugio de la persecución nazi. A continuación se reproducen fragmentos de estos dos documentos del PST.*

Nuestro enfoque sobre la cuestión judía no puede ser otro que el de la lucha de clases internacional.[2] En su agonía mortal, la clase capitalista se mantiene en el poder recurriendo a la brutalidad y violencia desenfrenada, dirigida

“En tiempos de crisis, los conflictos entre el capital y el trabajo estimulan a demagogos de mentalidad fascista. Ellos pretenden encabezar ataques asesinos contra la clase trabajadora”. *—Farrell Dobbs*

ARRIBA: Minneapolis, 1934. Huelguistas miembros de los Teamsters defienden a sindicalistas contra embestida policial. Minneapolis se convirtió en baluarte sindical y un cuarto de millón de camioneros en la región central de EEUU se integraron a la unión.

CENTRO: Durante la Gran Depresión surgieron grupos profascistas en EEUU. Los Camisas Plateadas, dirigidos por William Pelley, lanzaron una campaña de reclutamiento en Minneapolis.

ABAJO: : Minneapolis, 1938. La Guardia de Defensa Sindical, iniciada por el Local 544 de los Teamsters, derrotó intentos de los patrones de usar a los Camisas Plateadas para aplastar sindicatos y atacar a judíos.

IZQUIERDA: Nueva York, noviembre 1938. Protesta auspiciada por el PST y otros exige que Washington abra las puertas a los refugiados. Fue convocada después de *Kristallnacht* (Noche de los cristales rotos), cuando los nazis detuvieron a 30 mil judíos y destrozaron negocios judíos y sinagogas por toda Alemania.

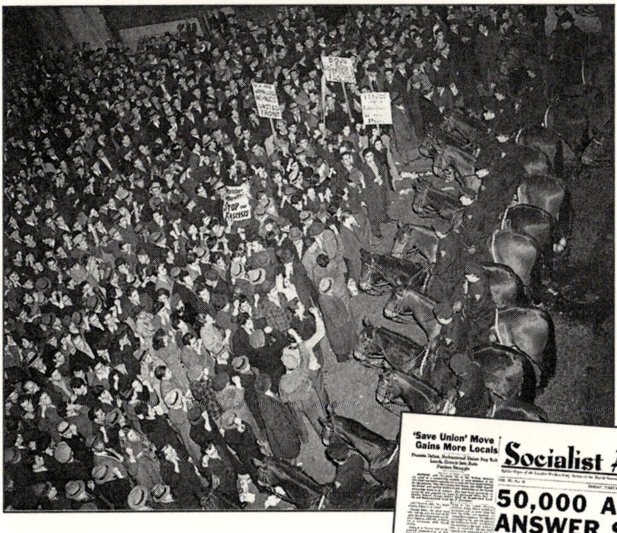

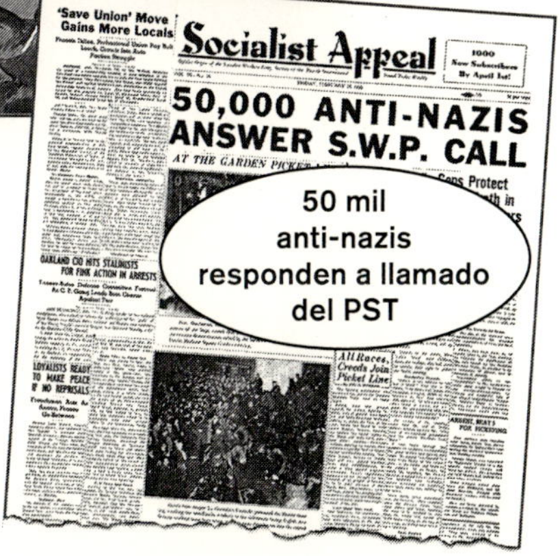

'Save Union' Move Gains More Locals

Socialist Appeal

50,000 ANTI-NAZIS ANSWER S.W.P. CALL

AT THE GARDEN PICKET

50 mil anti-nazis responden a llamado del PST

ARRIBA: Nueva York, febrero 1939. Movilización de 50 mil trabajadores convocada por el Partido Socialista de los Trabajadores contra mitin pro-nazi de 20 mil en el Madison Square Garden.

DERECHA: El *Socialist Appeal,* 24 de febrero de 1939.

contra la clase trabajadora, especialmente su vanguardia. Utiliza todos los elementos de odio y prejuicios que puede atizar para propiciar divisiones entre las masas y establecer una base social para su dominio fascista y gangsteril.

Los judíos —por el hecho de que en todas partes constituyen solo una pequeña minoría de la población, y porque el antisemitismo siempre ha sido fomentado, sea de manera abierta o disfrazada— sirven de chivo expiatorio fácil para que la gran burguesía pueda desviar la peligrosa rabia acumulada de los elementos retrógradas entre las masas, y especialmente de las desesperadas clases medias. Los secuaces fascistas de la gran burguesía utilizan la propaganda más repugnante y mentirosa para atizar el antagonismo latente contra los judíos hasta el punto de provocar pogromos.

Precisamente porque la promoción del antisemitismo se ha convertido en una parte inseparable de los métodos de las fuerzas reaccionarias fascistas, el partido revolucionario tiene un doble deber al combatirlo. Tiene que desenmascarar los objetivos reales de los capitalistas, ocultados detrás de la cortina de humo del antisemitismo, y así vacunar a las masas contra ese veneno. También tiene la tarea especial de movilizar una verdadera defensa de los judíos perseguidos, una defensa basada necesariamente en el poder de la clase trabajadora organizada. Si estas tareas se llevan a cabo efectivamente, podremos también atraer el firme apoyo de las masas judías…

El Programa de Transición incluye la necesidad de desarrollar grupos de defensa obrera. Esta idea puede encontrar entre las masas judías un terreno especialmente fértil para implantarse y convertirse en realidad.

Está de más decir que esos grupos de defensa, constituidos bajo nuestra influencia, no deben estar formados exclusivamente por judíos. Sin embargo, debemos aprovechar al máximo la gran concentración de judíos en Nueva York para reclutar al mayor número posible a estas organizaciones de defensa. En este sentido, cabe destacar la situación en Jersey City [con sus bandas antisindicales y antijudías de incipientes fascistas, organizadas por el alcalde demócrata Frank Hague] y sus implicaciones para los judíos.

Hay que alentar a las organizaciones judías para que formen grupos de defensa, y las organizaciones obreras deben ofrecerles ayuda. De igual manera, debemos ejercer nuestra influencia donde sea posible para que los grupos de defensa obrera acudan en ayuda de los judíos cuando sea necesario.

¡Abran las puertas a los refugiados del terror nazi hitleriano!

DEL 'LLAMADO A LA ACCIÓN'
DEL PARTIDO SOCIALISTA DE LOS TRABAJADORES

COMITÉ NACIONAL DEL PST, NOVIEMBRE DE 1938

El mundo entero ha quedado conmocionado hasta lo más profundo por el estallido de una nueva campaña de violencia brutal contra los judíos en Alemania [los pogromos de *Kristallnacht* del 9 y 10 de noviembre de 1938].[3]

El espantoso terror del hitlerismo nunca ha golpeado con fuerza tan cruel y despiadada.

Por toda Alemania, bandas de gángsters nazis, organizadas y comandadas por sus líderes, han destrozado y saqueado negocios de judíos. Las turbas fascistas han sido dirigidas a incendiar y destruir sinagogas judías. Los trabajadores de Alemania, quienes odian y desprecian el hitlerismo con toda su fuerza, no pudieron acudir en ayuda de los judíos brutalizados porque ellos mismos aún se encuentran atrapados por el terror nazi.

Los monstruos de camisas pardas ni siquiera se molestan en ocultar su objetivo: el exterminio físico de todos los judíos de la Gran Alemania.

Ya han impuesto una "multa" a los judíos, lo que significa en la práctica la confiscación de todas sus propiedades y la distribución de estas propiedades entre los sádicos nazis.

El régimen del gueto será restaurado en Alemania con la segregación completa de todos los judíos en tugurios delimitados. Con esta medida, el hitlerismo demuestra una vez más que representa la barbarie, la destrucción de todo progreso civilizado, el regreso a la vergüenza y perversidad de la Edad Media.

¿Por qué están aumentando los hitlerianos sus ataques mortíferos contra los judíos?

Por dos razones:

Esperan desviar la atención de los trabajadores y campesinos alemanes de la miseria que padecen, para que piensen que los judíos —chivos expiatorios tradicionales de las fuerzas reaccionarias— son responsables de todos sus males.

Esperan chantajear al movimiento internacional de protestas contra el fascismo para que guarde un cobarde silencio.

Si logran estos nefastos objetivos, podrán continuar su régimen de sangre y hierro sin la menor oposición.

Si logran sus fines, alentarán la reacción fascista en todos los demás países del mundo para que avance con más audacia, más insolencia, más éxito.

¡No se puede permitir que tengan éxito!...

POR TANTO, EXIGIMOS:

¡Abran las puertas de Estados Unidos a las víctimas del régimen hitleriano de pogromos!

Exhortamos a todos los trabajadores y demás organizaciones obreras a:

¡Exigir que el gobierno estadounidense use sus poderes de emergencia para abrir las puertas a los judíos que están siendo perseguidos terriblemente en Alemania!...

¡Demostrar a las víctimas del terror fascista que hablamos en serio, tendiendo la mano de la solidaridad fraterna, exigiendo al gobierno estadounidense el derecho de asilo libre e irrestricto para los chivos expiatorios judíos de la barbarie fascista!

Proteger las asambleas obreras y a los judíos amenazados por fascistas

DEL TESTIMONIO EN EL JUICIO POR SEDICIÓN EN MINNEAPOLIS

JAMES P. CANNON, NOVIEMBRE DE 1941

En diciembre de 1941, 18 dirigentes del Partido Socialista de los Trabajadores y del Local 544-CIO (anteriormente de los Teamsters) fueron declarados culpables bajo cargos federales de "conspirar para abogar por el derrocamiento del gobierno por la fuerza y la violencia." La Ley Smith, una medida de control de pensamiento bajo la cual recibieron sentencias de hasta 16 meses en prisiones federales, había sido promulgada por

El PST luchó por la independencia de los sindicatos frente al estado capitalista, por un partido obrero basado en las uniones y contra los preparativos bélicos de Washington.

COLECCIÓN ESPECIAL, BIBLIOTECA DEL CONDADO HENNEPIN

ARRIBA: Farrell Dobbs (izq.) y James P. Cannon durante juicio amañado de Minneapolis, en que ellos y otros 16 dirigentes del PST y del Local 544 de los Teamsters fueron condenados a prisión federal bajo la Ley Smith "de la mordaza". Washington quería callar a los que hacían campaña a favor de un partido obrero y contra los objetivos bélicos de los patrones.

DRAFTEES OPPOSE EXTENSION

THE MILITANT

Why We Have Been Indicted:

SOCIALIST WORKERS PARTY IS THE ANTI-WAR PARTY

Bail Put Up For All Defendants

Por qué nos enjuician: el PST es el partido antiguerra

CENTRO: El *Militante,* 26 de julio de 1941, explica por qué la administración Roosevelt enjuiciaba a los socialistas.

ABAJO: Flint, Michigan, 1937. Huelga de brazos caídos en fábrica de autos de General Motors. Fue parte de una ola de huelgas durante la Gran Depresión que forjó al Congreso de Organizaciones Industriales (CIO) y planteó la capacidad de los trabajadores de organizarse independientemente de los patrones en la esfera política.

el presidente demócrata Franklin Roosevelt un año atrás, en 1940, y fue empleada por primera vez en este juicio amañado.

Ante todo, Washington pretendía callar las fuerzas, como la dirección del Local 544 y del PST, que realizaban propaganda entre los trabajadores a favor de un partido obrero basado en los sindicatos y que hacían campaña contra las justificaciones que los gobernantes de Estados Unidos usaban para arrastrarlos a la guerra imperialista.

El principal acusado fue James P. Cannon, secretario nacional del PST y dirigente fundador del Partido Comunista en 1919. Su testimonio se publicó en 1942 en el libro Socialism on Trial *(luego publicado en español con el título* El socialismo en el banquillo de los acusados*). En los siguientes fragmentos, en respuesta a las preguntas de su abogado defensor Albert Goldman, Cannon testificó sobre las razones por las que el PST aboga por la formación de guardias de defensa obrera.*

GOLDMAN: Ahora, respecto a las guardias de defensa obrera promovidas por el Partido Socialista de los Trabajadores, ¿qué acción formal tomó el partido en algún momento?[4]

CANNON: En este último período de 1938 y 1939, en algunas partes del país nos enfrentamos a un movimiento fascista incipiente. Diferentes organizaciones con diferentes nombres comenzaron a predicar doctrinas hitlerianas en este país, y trataron de practicar métodos hitlerianos de intimidación física contra mítines obreros, judíos, tiendas judías y de suprimir la libertad de expresión con métodos violentos.

En Nueva York llegó a ser un problema bastante grave. Los diversos bundistas [matones del Bund Germano-Americano, inspirado en los nazis] y grupos semejantes en Nueva York desarrollaron la práctica de desbaratar mítines callejeros cuando nuestro partido u otro partido obrero intentaba hablar en público con un permiso de la alcaldía. Solían ir a molestar a tenderos judíos, poner piquetes frente a sus tiendas y golpearlos, retarlos a pelear, etcétera.

En ese entonces había una organización desenfrenada llamada los "Camisas Plateadas". No recuerdo que estuvieran en Nueva York, pero sí en diversos lugares del Oeste y del Medio Oeste.

GOLDMAN: ¿Recuerda el Frente Cristiano?

CANNON: Sí, en Nueva York, los del Bund Germano-Americano, del Frente Cristiano y otras dos o tres organizaciones fascistas en potencia solían unir fuerzas para estas actividades. En esos momentos, la libertad de expresión estaba siendo suprimida descaradamente en Jersey City bajo la autoridad de este hombre [el alcalde del Partido Demócrata Frank] Hague, quien proclamó que él era la ley. Tenía la costumbre de expulsar a gente de la ciudad y permitir que mítines fueran desbaratados, supuestamente no por las autoridades, sino por "ciudadanos indignados" a quienes él y su pandilla habían organizado con ese fin.

En esos momentos había indicios en general —había mucho descontento y conmoción en el país— de que estaba creciendo un movimiento fascista. Y se presentó el problema, no solo de cómo podíamos protegernos nosotros, sino cómo los sindicatos podían protegerse. Por ejemplo, en Jersey City estaban suprimiendo las líneas de piquetes y atentaban contra el derecho a la huelga: problemas muy graves de violaciones de las libertades civiles por organismos no oficiales.

A partir de las experiencias con los movimientos fascistas en Alemania e Italia —que comenzaron con pandillas de matones y terminaron destruyendo totalmente los sindicatos y todas las organizaciones obreras y los derechos civiles, llegamos a la conclusión de que debíamos afrontar a los fascistas en su propio terreno, y que debíamos plantear la consigna de las guardias de defensa obrera para proteger las asambleas, las sedes y las instituciones de los trabajadores contra la violencia pandillera de los fascistas incipientes.

Lo discutimos con Trotsky. Su participación fue principalmente de explicar el desarrollo del movimiento fascista en Europa. No recuerdo ahora si de él surgió la idea —pero en todo caso él la secundó con entusiasmo— de que nuestro partido propusiera que los sindicatos, cuando su tranquilidad fuese amenazada por estos matones, organizaran guardias de defensa obrera y se protegieran.

GOLDMAN: ¿Y los sindicatos siguieron el consejo del partido?

CANNON: Recuerdo que organizamos, en colaboración con otras fuerzas de izquierda y algunos judíos —incluso judíos nacionalistas que no estaban de acuerdo con nuestro programa socialista pero sí con defender su derecho humano a vivir— formamos entonces una guardia de defensa obrera en Nueva York. Para proteger no solo los mítines de nuestro partido sino de cualquier organización amenazada por estos matones. Para que no molestaran a ciudadanos en el Bronx, donde estos matones estaban intimidando e insultando a judíos. Esta guardia tuvo varios altercados y peleas con esas bandas.

Luego las condiciones en el país empezaron a cambiar. La situación económica mejoró un poco. La guerra europea comenzó a absorber toda la atención, quitándosela a estos Hitlers provinciales americanos. El movimiento fascista cayó en la pasividad y nuestra guardia de defensa obrera en Nueva York ya no tenía nada que hacer y dejó de existir. En Los Ángeles, si mal no recuerdo, hubo una experiencia parecida.

GOLDMAN: ¿Alguna vez adoptaron los sindicatos internacionales esa idea, que usted sepa?

CANNON: No lo sé. Sé que se planteó en el sindicato de trabajadores de la costura, que tenía una doble inquietud por este asunto. Primero, porque como sindicato se veía amenazado por el crecimiento del fascismo, y segundo, porque un porcentaje grande de sus miembros son judíos, a quienes estos matones consideran posibles víctimas.

En uno de los locales del sindicato de la costura en Nueva York, se aprobó una resolución a favor de la idea, y fue remitida a la Junta Ejecutiva Internacional del sindicato para su consideración. También hubo correspondencia y entrevistas entre nuestros camaradas que habían promovido la idea y los dirigentes del Sindicato Internacional de Trabajadores de Prendas de Mujer [ILGWU]. Creo que no se desarrolló más, ni en sentido positivo o negativo, porque el movimiento fascista mermó y el tema se enfrió.

GOLDMAN: ¿Entonces el asunto de las guardias de defensa obrera se extinguió porque ocurrió un cambio en las condiciones?

CANNON: Sí. Mantuvimos la propuesta de las guardias de defensa obrera en nuestro programa. Creo que está en la página editorial del *Militant* como uno de los puntos que proponemos como programa práctico.

GOLDMAN: ¿Y se hace vital especialmente en vista de un posible movimiento fascista en nuestro país?

CANNON: Sí. En esa época nuestro periódico estaba lleno de noticias y artículos sobre los bundistas y el Frente Cristiano, etcétera, pero si uno examina los archivos, constata que va bajando gradualmente el número de reportajes sobre la violencia fascista. Y el tema de las guardias de defensa obrera desapareció de las páginas del periódico y ahora solamente se plantea ahí como consigna.

Yo podría agregar, Sr. Goldman, que hasta donde yo sepa, no existe en ninguna parte del país una guardia de defensa obrera activa donde estén asociados nuestros miembros. Pero mantenemos la idea como educación práctica en caso que los sindicatos vuelvan a toparse con la experiencia de aquellos días.

◆

La tarea es crear una guardia de defensa en los sindicatos

DISCUSIONES CON DIRIGENTES DEL PST

LEÓN TROTSKY, JUNIO DE 1938

En junio de 1938, León Trotsky tuvo una segunda serie de discusiones con dirigentes del Partido Socialista de los Trabajadores sobre el programa que él estaba redactando, con la colaboración del liderazgo del partido, para la conferencia de fundación de una nueva organización revolucionaria internacional. Trotsky vivía entonces en el exilio forzado en México.

Entre los temas estaba la necesidad de que el PST promoviera la perspectiva de que los sindicatos lanzaran y organizaran guardias de defensa obrera frente a los matones a sueldo de los patrones y a las bandas fascistas que atacaban al movimiento obrero y a judíos. A continuación se reproduce un fragmento de la transcripción de esa reunión.

PREGUNTA: ¿Cómo hacemos para iniciar en la práctica los grupos de defensa?[5]

TROTSKY: Es muy sencillo. ¿Hay una línea de piquetes en una huelga? Cuando termina la huelga, decimos que debemos defender nuestro sindicato haciendo permanente esta línea de piquetes.

PREGUNTA: ¿Es el propio partido el que crea el grupo de defensa con sus propios militantes?

TROTSKY: Las consignas del partido deben propagarse en lugares donde tenemos simpatizantes y trabajadores que nos defenderán. Pero un partido no puede crear una organización independiente de defensa. La tarea es crear este organismo en los sindicatos.

Debemos tener estos grupos de compañeros muy disciplinados, con dirigentes buenos y cautos que no se dejen provocar fácilmente, ya que estos grupos pueden ser provocados con facilidad. La principal tarea para el próximo año sería evitar conflictos y choques sangrientos. Debemos reducir estos choques al mínimo con una organización pequeña durante las huelgas, durante los tiempos de calma. Para impedir los mítines fascistas, es una cuestión de la correlación de fuerzas. Nosotros solos no somos fuertes, pero proponemos formar un frente único.

En Minneapolis, donde contamos con compañeros muy hábiles e influyentes, podemos comenzar a demostrárselo a todo el país.

◆

La lucha contra el fascismo comienza en la fábrica y termina en la calle

DEL 'PROGRAMA DE TRANSICIÓN PARA LA REVOLUCIÓN SOCIALISTA'

LEÓN TROTSKY, 1938

Las huelgas de brazos caídos (*sit-down strikes*) son una seria advertencia de las masas no solo a la burguesía sino también a las organizaciones obreras, incluida la Cuarta Internacional.[6] En 1919–1920, los trabajadores italianos tomaron las fábricas por iniciativa propia, señalando así a sus "líderes" la llegada de la revolución social. Los "líderes" no hicieron caso a la señal. El resultado fue la victoria del fascismo...

La agudización de la lucha del proletariado significa la agudización de los métodos de contraataque del capital. Nuevas oleadas de huelgas de brazos caídos pueden provocar, y sin duda provocarán, enérgicas contramedidas por parte de la burguesía. El trabajo preparatorio ya lo están haciendo los estados mayores secretos de los grandes *trusts*. ¡Ay de las organizaciones revolucionarias, ay del proletariado, si vuelven a tomarlo desprevenido!

La burguesía no se conforma en ninguna parte con la policía y el ejército oficiales. En Estados Unidos, incluso en épocas "tranquilas", la burguesía mantiene batallones militarizados de rompehuelgas y grupos privados de matones armados en las fábricas. Ahora debemos añadir los diversos grupos de nazis americanos. La burguesía francesa, a la primera aproximación del peligro, movilizó destacamentos fascistas semilegales e ilegales, incluso los que están dentro del ejército oficial. Apenas crezcan nuevamente las presiones de los trabajadores ingleses, las bandas fascistas se multiplicarán por dos, por tres, aumentarán 10 veces para avanzar en marcha sangrienta contra los trabajadores.

La burguesía se da perfecta cuenta de que, en la época actual, la lucha de clases tiende irresistiblemente a transformarse en guerra civil. Los ejemplos de Italia, Alemania, Austria, España y otros países han aleccionado mucho más a los magnates y a los lacayos del capital que a los líderes oficiales del proletariado.

Los políticos de la Segunda y Tercera Internacional, igual que los burócratas de los sindicatos, cierran los ojos conscientemente ante el ejército privado de la burguesía; de lo contrario, no podrían mantener su alianza con ella ni por 24 horas. Los reformistas les inculcan sistemáticamente a los trabajadores la idea de que la sacrosanta democracia se garantiza mejor cuando la burguesía está armada hasta los dientes y los trabajadores están desarmados...

La lucha contra el fascismo no comienza en las oficinas de redacción liberales sino en las fábricas, y termina en la calle. Los rompehuelgas y los pistoleros privados en las fábricas son los núcleos básicos del ejército fascista. *Los piquetes de huelga* son los núcleos básicos del ejército proletario. Este es nuestro punto de partida. En ocasión de cada huelga y manifestación callejera, es indispensable propagar la necesidad de crear *grupos obreros de autodefensa*...

Es preciso dar expresión organizada al odio legítimo de los trabajadores hacia los rompehuelgas y las bandas de gángsters y fascistas. Es preciso levantar la consigna de una *milicia obrera* como única garantía seria de la inviolabilidad de las organizaciones, asambleas y prensa de los trabajadores.

Solo con este trabajo sistemático, constante, incansable y valiente de agitación y propaganda, siempre basado en la experiencia de las propias masas, será posible erradicar de su conciencia las tradiciones de sumisión y pasividad. Será posible entrenar a destacamentos de luchadores heroicos, capaces de sentar un ejemplo para todos los trabajadores; propinar una serie de derrotas tácticas a los matones armados de la contrarrevolución. Será posible aumentar la confianza de los explotados y oprimidos; desprestigiar al fascismo ante los ojos de la pequeña burguesía y preparar el camino hacia la conquista del poder por el proletariado.

Engels definió el estado como destacamentos de "hombres armados". *El armamento del proletariado* es un elemento esencial consiguiente de su lucha por la emancipación. Cuando el proletariado lo quiera, encontrará la vía y los medios para armarse. También en este terreno, le incumbe naturalmente la dirección a las secciones de la Cuarta Internacional.

CAPÍTULO 6

El Partido Socialista de los Trabajadores en la lucha contra el odio antijudío y los pogromos hoy

Al conocerse la noticia del pogromo del 7 de octubre de 2023, el Partido Socialista de los Trabajadores y sus homólogos en las Ligas Comunistas de otros países estuvieron en las primeras filas de las acciones de condena del asalto más mortífero contra los judíos desde el Holocausto durante la Segunda Guerra Mundial.

La declaración a continuación fue emitida el 10 de octubre por Rachele Fruit, hoy candidata del PST a presidente de Estados Unidos en 2024, en un acto de respuesta al que concurrieron 3 mil personas ante el memorial al Holocausto en Miami Beach. Sigue vigente como curso de acción esencial para la clase trabajadora.

◆

Para acabar con el odio antijudío, luchar por el poder obrero y el socialismo

DECLARACIÓN DE LA CAMPAÑA DEL PARTIDO SOCIALISTA DE LOS TRABAJADORES

RACHELE FRUIT, 10 DE OCTUBRE DE 2023

En la lucha contra el odio antijudío y los pogromos, la continuidad del Partido Socialista de los Trabajadores se remonta a Lenin y la Revolución Bolchevique en Rusia.[1] Los socialistas jamás pueden apoyar un crimen contra la humanidad en nombre de la revolución.

El pueblo trabajador no puede confiar en las democracias imperialistas para proteger a los judíos. Washington y Londres cerraron las puertas a la inmigración judía antes, durante y después de la Segunda Guerra Mundial. Ese hecho, junto con la traición por parte de los estalinistas en Moscú y otros países de las oportunidades revolucionarias en China, Alemania, Francia y España, condujeron a la "Solución Final" de Hitler.

Por eso Israel tuvo que ser y tiene que existir como refugio para los judíos.

Los que se autodenominan "socialistas" y son abanderados de Hamás y otros agentes terroristas de Irán, fácilmente se encontrarán aliados a futuras fuerzas fascistas.

Solo las clases trabajadoras de Israel, Palestina, Irán y toda la región podrán encontrar una solución que responda a sus intereses comunes. Es también el caso de los trabajadores de Estados Unidos.

◆

El Partido Socialista de los Trabajadores está hoy en las primeras filas de la lucha contra el odio antijudío.

MARGARET TROWE/ MILITANTE

ERIC SIMPSON/MILITANTE

IZQUIERDA: San Francisco, marzo 2024. Laura Garza, candidata del PST al Senado por California, y sus partidarios se suman a miles que marchan contra incidentes antijudíos en la región.

NAOMI CRAINE/MILITANTE

ARRIBA: Detroit, septiembre 2023. Concentración de huelguistas del sindicato automotriz UAW. Unos 25 mil sindicalistas salieron en huelga contra GM, Ford y Stellantis en 21 estados. Lograron mejores salarios y condiciones, alentando a otros trabajadores que afrontan ataques a su nivel de vida.

Ya hemos superado el punto más bajo de la resistencia del pueblo trabajador, explica el PST en su resolución de 2022.

El poder obrero: Arma política indispensable para combatir toda opresión

DE 'MALCOLM X, LA LIBERACIÓN DE LOS NEGROS Y EL CAMINO AL PODER OBRERO'

JACK BARNES

Como lo ha demostrado la lucha de clases en el siglo 20 y las primeras décadas del siglo 21, el odio antijudío y la violencia genocida contra los judíos no son una cuestión ni de Europa ni del Medio Oriente. Son una cuestión mundial, una cuestión de clase, una característica permanente de la época imperialista.

"Ahora más que nunca", escribió León Trotsky, "el destino del pueblo judío —no solo su destino político sino su destino físico— está indisolublemente ligado a la lucha emancipadora del proletariado internacional".[2] Esa conclusión es tan aplicable al 7 de octubre de 2023 como al mundo que Trotsky describía en diciembre de 1938.

En vísperas del surgimiento de la época imperialista, el capital industrial y bancario en Estados Unidos consolidó su dominio tras la Guerra Civil y la abolición de la esclavitud, la Segunda Revolución Norteamericana. En 1877, en todos los estados de la esclavocracia sureña derrotada, la Reconstrucción Radical fue ahogada en sangre. La clase trabajadora en su conjunto sufrió lo que hasta la fecha ha sido el peor revés de su historia.

Los negros fueron, con mucho, las principales víctimas de los linchamientos y otros ataques de violentas turbas extra-

judiciales durante las siguientes décadas de terror bajo el sistema de segregación Jim Crow. Pero los judíos, los católicos y los chinos también fueron blancos de ataque.

Casi un siglo más tarde, el masivo movimiento con base proletaria que derrocó el sistema Jim Crow en los años 50 y 60 asestó un golpe contundente contra el odio antijudío y todas las formas de opresión.

En 1877 los gobernantes norteamericanos retiraron las tropas federales de los estados de la antigua Confederación.[3] Estos soldados habían sido la fuerza armada de último recurso que separaba a los trabajadores negros emancipados, por un lado, de las bandas fuertemente armadas de reaccionarios, por el otro. En las últimas décadas del siglo 19 y bien entrado el siglo 20, generaciones sucesivas de organizaciones como los Caballeros de la Camelia Blanca, la Liga Blanca, el Ku Klux Klan, los Consejos de Ciudadanos Blancos y muchos otros —con nombre, sin nombre o con nombre nuevo— llevaron a cabo un implacable reino de terror contra la población negra en el Sur.

Esta violencia sistemática ayudó a los capitalistas a someter a los trabajadores que eran negros a condiciones prácticamente de peonaje como aparceros y arrendatarios y permitió la imposición del sistema *Jim Crow* de segregación racial, codificado en leyes en un estado del Sur tras otro. Estas bandas también se organizaron para doblegar a cualquier trabajador o agricultor con conciencia de clase que no fuera negro —"*nigger lovers*" ("ama-niches")— e impedir que se sumara a trabajadores negros en luchas comunes por la tierra, por la educación pública, por tarifas ferrocarrileras y créditos baratos, por derechos sindicales o cualquier otro avance para los intereses de los oprimidos y explotados. Los prejuicios y la discriminación contra los católicos, los chinos y los judíos alcanzaron nuevos extremos.

El pueblo trabajador puede y podrá arrancarles concesiones a la clase dominante al intensificarse las luchas contra los ataques —impelidos por la crisis— a nuestros empleos, condiciones de vida y dignidad humana elemental, a nuestras libertades políticas y al derecho de sindicalizarse, luchas contra la marcha hacia mayores presupuestos militares y sangrientas guerras en el exterior.[4] Pero estas concesiones no pueden cambiar las leyes que subyacen el funcionamiento del sistema capitalista en sí, ni pueden aplazar la devastación cada vez mayor de nuestras vidas y nuestro sustento. No pueden poner fin a la dictadura del capital.

Solo cuando la clase trabajadora conquiste y use el poder estatal, expropiando el capital financiero, será posible crear los cimientos de un mundo que se base, no en la explotación, violencia y discriminación racial, en las jerarquías basadas en clases sociales y la competencia a muerte, sino en la solidaridad entre los trabajadores. Una solidaridad que fomente la creatividad y el reconocimiento del valor de cada individuo, sin importar su género, su origen nacional o el color de su piel.

Un mundo socialista.

¿Qué perspectivas se abren para los oprimidos y explotados con una revolución socialista?[5] Ante todo, se abre la

El movimiento con base proletaria que puso fin a la segregación racial *Jim Crow* en EEUU también asestó golpes contra el odio antijudío y toda forma de opresión.

ARRIBA: Mitin en Montgomery, Alabama, lanza boicot de buses municipales, diciembre 1955. Fue una batalla clave en la lucha que tumbó el sistema de segregación racial en el Sur. El PST impulsó una campaña en la que sindicalistas donaron autos para transportar a los que boicoteaban los buses.

CENTRO: Malcolm X habla a jóvenes en Selma, Alabama, que protestan contra ataques policiacos y violencia racista, 4 de febrero de 1965. Malcolm fue el rostro y la voz de las fuerzas de la revolución norteamericana que viene.

ABAJO: Leo Frank, gerente de fábrica judío en Atlanta, fue linchado por una turba antijudía en 1915. Le habían fabricado cargos de violar y asesinar a una obrera de 13 años de edad. Grupos supremacistas blancos como el Ku Klux Klan linchaban a negros y propagaban odio antijudío.

BIBLIOTECA DEL CONGRESO

posibilidad de *utilizar* el poder estatal de la dictadura del proletariado, que es por mucho el instrumento más poderoso que los trabajadores combativos pueden empuñar al impulsar la batalla para erradicar el racismo, la opresión nacional y la condición de segunda clase de la mujer…

Lo que hace la conquista del poder obrero es brindarle a una vanguardia de masas del proletariado el arma política más eficaz en la historia: un arma que podemos utilizar para combatir todas las formas de opresión y sentar las bases para establecer la solidaridad humana sobre nuevos fundamentos comunistas. *Ese* es el desafío y la promesa de la dictadura del proletariado: *conquístenla* y después úsenla, para *completar* la tarea.

Y la *forma* de completar la tarea es tomar acción para impulsar la lucha revolucionaria a nivel mundial.

Un partido cuya integridad y conducta corresponden con sus objetivos proletarios

DE ‘YA SUPERAMOS EL PUNTO MÁS BAJO DE LA RESISTENCIA DEL PUEBLO TRABAJADOR’

RESOLUCIÓN DEL PARTIDO SOCIALISTA DE LOS TRABAJADORES, ADOPTADA POR EL CONGRESO DE DICIEMBRE DE 2022

El Partido Socialista de los Trabajadores está forjando y reclutando a una organización de cuadros proletarios cuyo carácter, confiabilidad, normas y hábitos de conducta —cuya "forma de vida y actividad", según se expuso concisamente en las reglas de la primera organización comunista en 1847— corresponden con los objetivos del partido y su requisito incondicional de lealtad y disciplina de cada miembro.[6]

Las normas de conducta establecidas por Farrell Dobbs y otros dirigentes con perspectiva de lucha de clases en el sindicato de los Teamsters del Medio Oeste, y por Malcolm X en su evolución política revolucionaria durante el último período de su vida, son ejemplos que podemos emular y de los que podemos aprender. No hay mejores recursos para ayudarnos en esto que los cuatro tomos sobre los Teamsters y los dos tomos de *Revolutionary Continuity: Marxist Leadership in the U.S.* (Continuidad revolucionaria: Liderazgo marxista en EEUU), dos colecciones de Farrell Dobbs. Y también *Malcolm X, la liberación de los negros y el camino al poder obrero* de Jack Barnes, secretario nacional del PST.

Partiendo de la historia de las luchas de clases en Estados Unidos y a nivel mundial, Barnes subraya las lecciones programáticas a través de las cuales Malcolm "llegó a ser el rostro y la voz autentica de las fuerzas de la revolución norteamericana venidera". Ante todo, la trayectoria presentada en *Malcolm X, la liberación de los negros y el camino al poder obrero,* señala Barnes, es producto de "los esfuerzos disciplinados" de los cuadros del Partido Socialista de los Trabajadores —negros, caucásicos y otros— "que han estado dirigiendo el trabajo desde mediados de los años 70 para forjar un partido que sea proletario tanto en su composición como en su programa y acción" y que "en su vida y su actividad siguen fieles hasta el día de hoy a sus convicciones revolucionarias".

Los cuadros de un partido obrero revolucionario necesitan formarse de manera de interiorizar políticamente el programa marxista, los principios organizativos y la historia de la trayectoria internacionalista proletaria del PST y del movimiento comunista mundial. Esas bases programáticas se presentan en:

- "Proyecto de programa de la Internacional Comunista: una crítica de los fundamentos", el documento redactado por Trotsky en 1928 que se citó previamente en esta resolución. Aparece en *La Tercera Internacional después de Lenin*. Como dijo James P. Cannon en su introducción de 1929, es "un documento de conflicto, escrito al calor de la lucha para preservar [en la Internacional Comunista] las enseñanzas fundamentales de Marx y Lenin y mantener la dictadura proletaria de la Unión Soviética".
- *El Programa de Transición*, la resolución de fundación de la Cuarta Internacional, redactada por Trotsky en 1938 con la estrecha colaboración de la dirección del Partido Socialista de los Trabajadores. El movimiento comunista mundial, dice nuestro programa, "combate intransigentemente a todas las agrupaciones políticas atadas a las faldas de la burguesía. Su tarea: abolir el dominio capitalista. Su objetivo: el socialismo. Su método: la revolución proletaria".
- *En defensa del marxismo*, una compilación de artículos y cartas de Trotsky a dirigentes del PST durante la lucha política en el partido en 1939–40 contra una oposición pequeñoburguesa que se doblegaba ante las presiones de la creciente campaña guerrerista del imperialismo norteamericano. En esta obra, Trotsky presenta las razones marxistas teóricas, programáticas y organizativas de por qué, según sus palabras, "La composición de clase del partido debe corresponder con su programa de clase".

Por más de seis décadas, Washington ha intentado castigar al pueblo trabajador cubano por la audacia de hacer una revolución socialista, la cual sentó un poderoso ejemplo para los trabajadores en EEUU de lo que somos capaces de lograr.

GRANMA

ARRIBA: La Habana, 16 de abril de 1961. Fidel Castro habla ante una concentración en la víspera de la invasión mercenaria a Cuba organizada por Washington, que fue derrotada en 72 horas. "Esta es la revolución socialista y democrática de los humildes, con los humildes y para los humildes", dijo.

ABAJO: Combatientes cubanos y angolanos en Cuito Cuanavale, Angola, donde el ejército sudafricano sufrió una derrota decisiva en 1988. A lo largo de 16 años, 425 mil cubanos cumplieron misión voluntaria en Angola, defendiendo su independencia frente a invasiones del régimen supremacista blanco en Pretoria. Desde un principio, la Revolución Cubana ha ofrecido un ejemplo de internacionalismo proletario.

RICARDO LÓPEZ/GRANMA

- La importancia política de una obra paralela, *La lucha por un partido proletario* de James P. Cannon, fue destacada por Trotsky en una carta a Farrell Dobbs en abril de 1940. "El folleto de Jim… es la obra de un auténtico dirigente obrero", escribió Trotsky. Aun si la lucha política contra la oposición pequeñoburguesa en el partido "no hubiese producido más que este documento, se habría justificado".
- *Su Trotsky y el nuestro,* de Jack Barnes. Se basa en una charla que él presentó en diciembre de 1982, en un evento público en Chicago al que asistieron mil personas durante una conferencia educacional socialista celebrada conjuntamente con el congreso nacional de la Alianza de la Juventud Socialista. La charla fue presentada durante los primeros años del viraje a la industria, escribió más tarde Barnes, cuando "el Partido Socialista de los Trabajadores se estaba volviendo más proletario tanto en su composición —en la vida cotidiana— como en su programa".

Eran años, escribió Barnes, cuando "las revoluciones que se desarrollaban en Centroamérica y el Caribe nos subrayaban nuevamente cómo el pueblo trabajador, con una dirección proletaria, puede usar un gobierno de trabajadores y agricultores para avanzar hacia la expropiación de los explotadores y opresores, hacia la instauración de la dictadura del proletariado". Años cuando "podíamos ver y entender más a fondo y aplicar con más confianza la continuidad de nuestro programa y estrategia", que se remontan a Marx y Engels y a las conquistas de la Internacional Comunista bajo la dirección de Lenin y los bolcheviques.

Todos los cuadros del partido, habiendo asimilado estas bases programáticas, pueden interiorizar más profunda y concretamente y actuar a partir de la resolución aprobada por nuestro congreso de 1965, *El carácter organizativo del*

Buenos son los métodos que elevan la conciencia de los trabajadores, su confianza en sus propias fuerzas

En una sociedad basada en la explotación, la moral suprema es la moral de la revolución social. Buenos son los métodos que elevan la conciencia de clase de los trabajadores, su confianza en sus propias fuerzas, su disposición a la abnegación en la lucha.

Los métodos inadmisibles son los que infunden temor y sumisión entre los oprimidos frente a sus opresores, los que aplastan el espíritu de protesta e indignación, o que sustituyen la voluntad de las masas con la voluntad de los líderes; la persuasión con la coacción; el análisis de la realidad con la demagogia y la falsificación. Por eso la socialdemocracia, que ha prostituido el marxismo, al igual que el estalinismo, antítesis del bolchevismo, son enemigos mortales de la revolución proletaria y su moral.

Encarar la realidad de frente; no buscar el camino de menor resistencia; llamar las cosas por su nombre; decir la verdad a las masas, por amarga que sea; no temer los obstáculos; ser fiel tanto en las cosas pequeñas como en las grandes; basar el programa en la lógica de la lucha de clases; ser audaz cuando llega la hora de la acción: estas son las reglas de la Cuarta Internacional.

—León Trotsky, El Programa de Transición para la Revolución Socialista (1938)

Partido Socialista de los Trabajadores. "El partido busca la homogeneidad política, en el sentido de que el ingreso a sus filas requiere estar fundamentalmente de acuerdo con su programa y sus principios", dice la resolución. "Por razones similares, se exige la lealtad incondicional y la conducta disciplinada como condición para ser miembro".

Nuestras experiencias en Estados Unidos desde el último congreso del partido confirman que ya superamos el punto más bajo de la resistencia del pueblo trabajador. Hay más que suficientes oportunidades para seguir organizando y actuando a partir de nuestra perspectiva comunista. Para contribuir a forjar en los sindicatos el núcleo directivo de un ala izquierda con perspectiva de lucha de clases. Para reclutar al Partido Socialista de los Trabajadores.

¡Si estás de acuerdo, únete a nosotros!

APÉNDICE

Hamás en sus propias palabras: Odio a los judíos, genocidio, anticomunismo

Independientemente de la opinión que uno tenga sobre Hamás y sobre la sangrienta matanza antijudía de 1,200 personas que cometió el 7 de octubre de 2023, cualquier individuo que exija que el gobierno israelí declare un alto el fuego está siguiendo la pauta —en la práctica— de la campaña de propaganda que los líderes de Hamás planificaron minuciosamente desde mucho antes de la masacre y que han llevado a cabo desde entonces.

¿Cuál es el objetivo reaccionario de Hamás? Sobrevivir un día más y seguir masacrando a judíos en Israel.

Hamás gobernó Gaza como un estado de facto durante casi dos décadas. Aplastó sindicatos, arrestó y torturó a opositores políticos palestinos y les negó a las mujeres la más mínima semblanza de igualdad de derechos. Según las propias palabras de sus jefes, el grupo administró el estado como "fachada" para preparar ataques contra Israel y los judíos.

Hamás recibe adiestramiento, fondos y ayuda del régimen clerical-burgués contrarrevolucionario en Teherán para planificar sus ataques. La Yihad Islámica, el Frente Popular para la Liberación de Palestina y otros grupos se sumaron a la carnicería, tortura y ultrajes sexuales cometidos por Hamás el 7 de octubre. Ninguno de ellos es una organización de liberación de los palestinos, ni de los oprimidos y explotados en ninguna parte.

Todo lo que hace Hamás tiene como objetivo aniquilar a los judíos y destruir a Israel.

A continuación podemos ver lo que Hamás dice en sus propias palabras.

◆

DE LA CARTA FUNDACIONAL DE HAMÁS DE 1988

Nuestra lucha contra los judíos es muy grande y muy seria. Reclama todos los esfuerzos sinceros. Es un paso que inevitablemente debe ser seguido por otros pasos. El Movimiento no es más que un escuadrón que debe ser apoyado por más y más escuadrones de este vasto mundo árabe e islámico, hasta que el enemigo sea vencido y se logre la victoria de Alá… (*Introducción*)

"El Día del Juicio no llegará hasta que los musulmanes combatan a los judíos (matando a los judíos), cuando el judío se esconderá detrás de piedras y árboles. Las piedras y los árboles dirán: Oh musulmanes, Oh Abdula, hay un judío detrás de mí, venid y matadlo"… (*Artículo 7*)

Ellos se dedicaron a acumular una riqueza material grande y sustancial, que utilizaron para la realización de su sueño. Con su dinero, tomaron control de los medios de comunicación, las agencias noticiosas, la prensa, las casas editoriales, las emisoras y otros medios mundiales.

Con su dinero atizaron revoluciones en diversas partes del mundo para lograr sus intereses y cosechar sus frutos. Estuvieron detrás de la Revolución Francesa, de la revolución comunista y la mayoría de las revoluciones de las que oímos hablar, aquí y allá...

Ellos estuvieron detrás de la Primera Guerra Mundial, cuando lograron destruir el Califato Islámico, obtener ganancias financieras y controlar recursos. Consiguieron la Declaración Balfour y formaron la Liga de Naciones para poder gobernar el mundo.

Estuvieron detrás de la Segunda Guerra Mundial, gracias a la cual obtuvieron enormes ganancias financieras con el comercio de armamentos y allanaron el camino para la creación de su estado. Fueron ellos quienes instigaron la sustitución de la Liga de Naciones por las Naciones Unidas y el Consejo de Seguridad, para poder dominar el mundo a través de estas instituciones. No hay guerra que se libre en ninguna parte del mundo en que no hayan puesto el dedo. (*Artículo 22*)

El plan sionista no tiene límites. Después de Palestina, los sionistas aspiran a expandirse desde el Nilo hasta el río Éufrates. Una vez hayan digerido la región que conquistaron, aspirarán a una mayor expansión, y así sucesivamente. Su plan está expuesto en "Los protocolos de los sabios de Sión", y su conducta actual es la mejor prueba de lo que decimos. (*Artículo 32*)

DE ‘PRINCIPIOS Y POLÍTICAS GENERALES’, DOCUMENTO DE HAMÁS DE 2017

El establecimiento de “Israel” es completamente ilegal y viola los derechos inalienables del pueblo palestino… No se reconocerá la legitimidad de la entidad sionista…

Hamás cree que ninguna parte de la tierra de Palestina será comprometida o concedida, independientemente de las causas, las circunstancias y las presiones, y sin importar cuánto dure la ocupación. Hamás rechaza cualquier alternativa a la liberación plena y completa de Palestina, desde el río hasta el mar. (*Artículos 18–20*)

◆

GHAZI HAMAD
MIEMBRO DEL BURÓ POLÍTICO DE HAMÁS

DE UNA ENTREVISTA POR LA TELEVISIÓN LIBANESA, 29 DE OCTUBRE DE 2023

GHAZI HAMAD: “Todo lo que hacemos está justificado”.

La operación del 7 de octubre “es solo la primera vez, y habrá una segunda, tercera, cuarta vez”.

PREGUNTA: “¿Eso significa la aniquilación de Israel?”

HAMAD: “Sí, por supuesto”.

“Estamos orgullosos de sacrificar mártires”.

◆

MUSA ABU MARZUK, MIEMBRO DEL BURÓ POLÍTICO DE HAMÁS

DE UNA ENTREVISTA EN 'RUSSIA TODAY', 27 DE OCTUBRE DE 2023

PREGUNTA: Mucha gente se pregunta: Ya que ustedes han construido 500 kilómetros de túneles, ¿por qué no han construido refugios antiaéreos, donde los civiles puedan esconderse durante los bombardeos?

MUSA ABU MARZUK: Hemos construido los túneles porque no tenemos otra forma de protegernos [a Hamás] contra ataques y asesinatos… Todo el mundo sabe que el 75 por ciento de la población de la Franja de Gaza son refugiados, y la responsabilidad de protegerlos la tiene Naciones Unidas.

Más tarde, Marzuk dijo a la BBC en árabe: "¿Usted espera que ponga a 2.5 millones de personas en los túneles?"

◆

JALED MESHAL DIRIGENTE FUNDADOR DE HAMÁS Y MIEMBRO DE SU BURÓ POLÍTICO

DE UNA ENTREVISTA EN UN PODCAST KUWAITÍ, ENERO DE 2024

"No tenemos nada que ver con la solución de dos estados. Rechazamos ese concepto, porque… significa reconocer la legitimidad del otro estado, que es la entidad sionista.

"Eso es inaceptable".

APÉNDICE

Las raíces fascistas de Hamás se encuentran en la 'Solución Final' de Hitler

TERRY EVANS

Los trabajadores que quieren entender por qué, el 7 de octubre de 2023, los matones de Hamás y sus partidarios en Teherán organizaron la matanza sistemática de más de 1,200 judíos, y de más de 50 árabes beduinos e inmigrantes, se beneficiarán de estudiar el origen y la historia de este grupo.[1] Gira en torno a su empeño de "resolver la cuestión judía" con el exterminio de los judíos.

Los antecesores de Hamás y su programa se remontan a las fuerzas árabes ultrarreaccionarias que formaron una alianza por muchos años con el Partido Nazi de Hitler durante la década de 1930. La base de esta alianza era el deseo común de llevar a cabo la "Solución Final", la matanza de los judíos en todo el mundo. Entre estas fuerzas se destacaban Amin al-Husseini, nombrado gran muftí de Jerusalén en 1921, y la Hermandad Musulmana en Egipto, de la cual, décadas más tarde, surgió Hamás en Palestina. Estas corrientes reaccionarias fueron producto de la crisis capitalista mundial y de las revoluciones y contrarrevoluciones que desembocaron en la Segunda Guerra Mundial.

Las masacres de judíos en el Medio Oriente por parte de fuerzas islamistas comenzaron décadas antes de que existiera Israel. Hoy los estalinistas y los izquierdistas de clase media ocultan esta historia de pogromos cometidos por los antecesores de Hamás. Falsifican el carácter de Hamás al presentarlo como un movimiento de liberación nacional y parte de la "resistencia palestina".

Desde principios de los años 20, Amin al-Husseini, miembro de una de las principales familias terratenientes en Palestina, orquestó una serie de masacres de judíos, tanto en esa región como en Bagdad, Iraq. Los gobernantes capitalistas del Reino Unido habían tomado control de Palestina como parte del notorio Acuerdo Sykes-Picot, un tratado secreto pactado después de la primera guerra imperialista mundial, que redibujó las fronteras de las tierras y los pueblos de la región (árabes, kurdos, judíos y otros) y repartió las riquezas del Medio Oriente entre Londres y París.

Los ataques de al-Husseini contra los judíos ocurrieron en momentos cuando se propagaban luchas revolucionarias contra la opresión colonial y la explotación capitalista a nivel mundial en las décadas después de la Revolución Bolchevique de 1917 en Rusia.

En Egipto en 1919, una rebelión por la independencia y una huelga general paralizaron al régimen colonial británico; fue suprimida brutalmente por Londres.

Ese mismo año, los bolcheviques dirigieron la fundación de la Internacional Comunista. Pronto se formaron Partidos Comunistas en Egipto y en Palestina. En Palestina, el partido estaba integrado inicialmente por revolucionarios judíos y árabes. Se esforzaron por emular el ejemplo de la Revolución Bolchevique dirigida por V.I. Lenin, intentando unificar a los trabajadores de todas las nacionalidades y religiones para tomar el poder y abrir paso a una revolución socialista.

Pero ese comienzo prometedor fue destruido a finales de los años 20 cuando una contrarrevolución en la Unión Soviética, dirigida por José Stalin, puso fin a la trayectoria internacionalista proletaria de Lenin.

En el Medio Oriente, como parte de esta reacción estalinista, la Comintern impuso a estos partidos una "arabización" forzosa. Los judíos fueron expulsados de la dirección, y posteriormente la organización en Palestina se dividió en un partido árabe y un partido judío. A nivel mundial, la Internacional Comunista quedó destruida como instrumento revolucionario para la clase trabajadora en todas partes.

Al-Husseini forja vínculos con régimen nazi

En 1920 al-Husseini encabezó un pogromo en Jerusalén durante una procesión religiosa musulmana, incitando ataques contra el barrio judío. Los británicos retiraron sus tropas de Jerusalén, dando su bendición al pogromo. Seis judíos fueron asesinados y dos mujeres fueron violadas. Las autoridades británicas indultaron a al-Husseini y lo nombraron gran muftí de la ciudad, una alta posición religiosa, jurídica y política.

En 1929 al-Husseini nuevamente instó a sus seguidores a atacar a los judíos de Jerusalén. Más de 130 fueron masacrados en Hebron y otras ciudades; mujeres fueron violadas y hombres fueron castrados. Las autoridades británicas fueron responsables de la mayoría de las muertes de los árabes, e impusieron restricciones a la inmigración judía a Palestina.

Para llevar a cabo su explotación rapaz de la región, el imperialismo británico enfrentó a árabes contra judíos

El origen de Hamás se halla en la Hermandad Musulmana, que en los años 30 se alió al Partido Nazi de Hitler, con una meta común de llevar a cabo "la Solución Final": masacrar a judíos a nivel mundial.

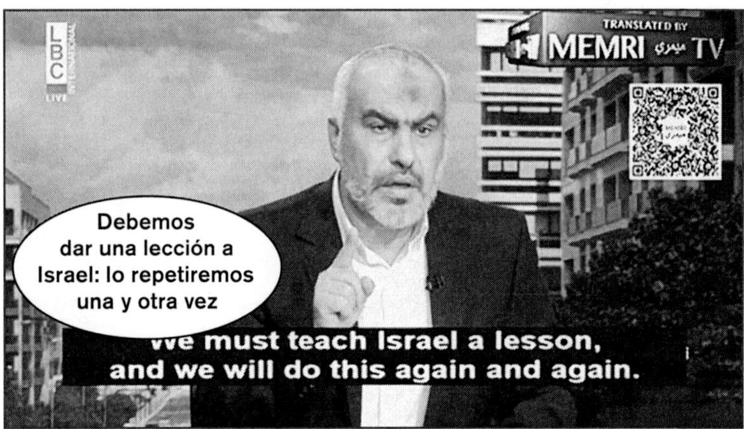

ARRIBA: La matanza del 7 de octubre "es solo el comienzo. Habrá una segunda, tercera y cuarta vez", prometió Ghazi Hamad, dirigente de Hamás, por televisión libanesa el 24 de octubre de 2024.

ABAJO: Tras el sangriento pogromo, la agencia noticiosa Tasnim del régimen de Irán publicó esta caricatura, en la que misiles llueven sobre Israel y judíos se ven empujados al mar: el objetivo de Hamás y Teherán.

ARCHIVO FEDERAL DE ALEMANIA

ARCHIVO FEDERAL DE ALEMANIA

ARRIBA: Berlín, noviembre 1941. Amin al-Husseini, gran muftí de Jerusalén, se reúne con Adolfo Hitler ofreciendo su colaboración "en la lucha contra tres enemigos comunes: los ingleses, los judíos y el bolchevismo". Durante la II Guerra Mundial, los nazis transmitieron por radio las arengas antijudías de al-Husseini por todo el Medio Oriente.

ABAJO: Noviembre 1943. Al-Husseini pasa revista a tropas Waffen-SS en Bosnia, donde él organizó una división musulmana de la fuerza militar nazi. Tras la guerra, al-Husseini siguió colaborando con la Hermandad Musulmana, basada en Egipto. Cuatro décadas después, Hamás se fundó como ala armada de la Hermandad Musulmana en Gaza con la misma meta: exterminar a los judíos.

para poder controlar y dominar a ambos pueblos (al igual que hizo en la India colonial entre musulmanes e hindúes, terminando con la sangrienta división sectaria del país en India y Pakistán tras la victoriosa lucha independentista de los años 40).

En 1937 al-Husseini ya no limitaba su perspectiva a la eliminación de los judíos solo en Palestina. "Se equivocan los que creen que todo estará bien si se resuelve el problema de Palestina, o si los judíos son derrotados en este conflicto", escribió en el folleto *Islam y judaísmo*. Generalmente se atribuye a al-Husseini la autoría de esa diatriba antijudía, publicada por primera vez en el Cairo en 1937. Ciertamente él la hizo suya y se dedicó a difundirla ampliamente en Palestina y el Medio Oriente.

En 1941 se estableció brevemente un régimen pro-nazi en Bagdad tras un levantamiento contra los británicos. Cuando ese régimen se derrumbó, al-Husseini, quien vivía entonces en Bagdad, le echó la culpa a la considerable población judía de la ciudad. Él ayudó a instigar pogromos que causaron la muerte de casi 200 judíos. El ejército británico tenía tropas apostadas a solo 8 millas de distancia, pero decidió no hacer nada para detener la matanza.

Estos ataques fueron el principio del fin de la comunidad judía en Bagdad, que constituía una tercera parte de su población. Después de la creación del estado de Israel en 1948, fueron objeto de una campaña de terror, y ya para 1952 habían huido casi todos los judíos de Iraq.

Al-Husseini se trasladó de Bagdad a Berlín en 1941 y realizó sus operaciones desde ahí durante el resto de la Segunda Guerra Mundial. Forjó lazos estrechos con Hitler y su régimen nazi, trabajando para extender el Holocausto al Medio Oriente. Al-Husseini le aseguró al canciller alemán

Joachim von Ribbentropp que los árabes eran "los amigos naturales de Alemania porque ambos están enfrascados en una lucha contra tres enemigos comunes: los ingleses, los judíos y el bolchevismo".

Los nazis se encargaron de diseminar los escritos de al-Husseini. Antes de la Segunda Guerra Mundial, la embajada alemana en El Cairo publicó y difundió propaganda de la Hermandad Musulmana. Durante la guerra, los nazis transmitieron por radio —en árabe, persa y turco— las peroratas antijudías de al-Husseini, difundiéndolas a un público mucho más amplio. Ni el gobierno británico ni otras potencias aliadas, en sus radioemisiones anti-Hitler en idioma árabe, hicieron intento alguno de responder políticamente a la venenosa propaganda nazi de "matar a los judíos".

Al-Husseini se reunió con Hitler en Berlín en 1941, concretando planes para su colaboración antijudía en el Medio Oriente. En cooperación con los nazis, al-Husseini formó en Yugoslavia una división musulmana de las odiadas unidades paramilitares SS de Hitler, reclutando a musulmanes de Bosnia.

De 1941 a 1943, el mariscal alemán Erwin Rommel comandó fuerzas alemanas e italianas para tratar de expulsar a las fuerzas británicas de Egipto, tomar el Canal de Suez y preparar el camino para apoderarse de los recursos petroleros de la región. La tarea de las tropas SS de al-Husseini era de seguir a Rommel, para eliminar a todos los judíos de la región.

Las fuerzas de Rommel avanzaron mucho. Cuando parecía que Rommel estaba a punto de lograr un avance decisivo, al-Husseini, desde Berlín, transmitió por radio un llamamiento a sus seguidores. "En todas partes la gente se pregunta cómo pueden contribuir a liquidar a los británicos y a los judíos", dijo la radioemisora "Voz de los Árabes Libres". "Es necesario anotar el nombre de cada judío, con su dirección y su negocio".

"Árabes de Siria, Iraq y Palestina: ¿qué esperan?" declaró la emisora 12 días después. "Maten a los judíos, incendien sus propiedades, destruyan sus tiendas".

Pero Rommel fue derrotado en el-Alamein, Egipto, y Hitler nunca más volvió a amenazar al Medio Oriente.

Se suma a la Hermandad Musulmana

En 1945 las fuerzas aliadas capturaron a al-Husseini y lo mantuvieron bajo arresto domiciliario en Francia. El año siguiente se escapó y se fue a Egipto, donde fue agasajado por la Hermandad Musulmana, que acababa de instigar un pogromo en El Cairo en que fueron linchados seis judíos.

"Alemania y Hitler ya no están", dijo Hassan al-Banna, el líder central de la Hermandad. "Pero al-Husseini continuará la lucha".

Y así lo hizo.

Al-Husseini asumió la dirección del Comité Ejecutivo Superior Árabe de Palestina, dedicado a impedir la creación del estado de Israel como refugio para cientos de miles de sobrevivientes judíos en Europa. Él dirigió el esfuerzo que, apenas un día después de la declaración de independencia de Israel en mayo de 1948, llevó a la invasión del nuevo estado por los reaccionarios gobiernos de Egipto, Iraq, Jordania, Líbano y Siria. El ataque fue derrotado a principios del año siguiente.

Hamás se fundó en 1987 como brazo armado de la Hermandad Musulmana en Palestina. Su linaje político se remonta a al-Husseini y a su colaboración con el régimen nazi.

Hamás comparte ese mismo odio hacia los judíos como pueblo y el mismo deseo de verlos expulsados de la faz de la Tierra.

La verdad sobre el origen histórico de Hamás echa por tierra la idea de que este grupo sanguinario tenga derecho a llamarse un liderazgo antiimperialista o progresista de los trabajadores y campesinos palestinos. Son todo lo contrario: un peligro reaccionario para el pueblo trabajador palestino, para los judíos y para toda la clase trabajadora, independientemente de su origen nacional.

Es una máquina genocida que debe ser combatida y derrotada.

NOTAS SOBRE LAS FUENTES

CAPÍTULO 2

1. Tomado de "Los pogromos contra los judíos", V.I. Lenin, *Obras completas* (Moscú: Editorial Progreso, 1981–90), tomo 38, pp. 256–57. Las traducciones al español de todas las citas han sido corregidas cotejándolas con las citas utilizadas en la edición de este libro en inglés.

2. De *Lenin on the Jewish Question* (Lenin acerca de la cuestión judía; Nueva York: International Publishers, 1974), pp. 141–42.

3. De "Informe sobre la revolución de 1905", Lenin, *Obras completas*, tomo 30, pp. 330–31.

4. De "La reacción comienza la lucha armada", Lenin, *Obras completas*, tomo 13, pp. 212–16.

5. De "Las consignas y la organización del trabajo socialdemócrata dentro y fuera de la Duma", Lenin, *Obras completas*, tomo 21, pp. 18–19.

6. De "Proyecto de ley sobre la igualdad de las nacionalidades", Lenin, *Obras completas*, tomo 25, pp. 17–19.

7. De León Trotsky, *Mi vida* (Madrid: Akal Editor, 1979), p. 355.

8. De "¿Necesita el proletariado judío un 'partido político independiente'?", Lenin, *Obras completas*, tomo 7, pp. 126–27.

9. De James P. Cannon, *First Ten Years of American Communism* (Pathfinder, 1973), p. 114.

CAPÍTULO 3

1. De "Informe de la comisión para los problemas nacional y colonial", Lenin, *Obras completas,* tomo 41, p. 250.

2. De "Esbozo inicial de las tesis sobre los problemas nacional y colonial", Lenin, *Obras completas,* tomo 41, pp. 172–74.

3. De la edición de febrero de 1934 de *Class Struggle,* revista editada por Albert Weisbord. Accesible en www.marxists.org/archive/weisbord/FourTwo.html

CAPÍTULO 4

1. De *La última lucha de Lenin: Discursos y escritos, 1922–23* (Pathfinder, 2010), p. 125.

2. De *La última lucha de Lenin,* pp. 378–80.

3. De *La última lucha de Lenin,* p. 258.

4. De León Trotsky, *La Internacional Comunista después de Lenin* (Madrid: Akal Editor, 1977), pp. 88–94.

5. De "Interview with the 'Jewish Daily Forward'", *Writings of Leon Trotsky, 1936–37* (Escritos de León Trotsky, 1936–67; Pathfinder, 1978), pp. 124–30.

6. De "Thermidor and Anti-Semitism" (Termidor y antisemitismo), edición de mayo de 1941 de la revista *New International.* Accesible en www.marxists.org/archive/trotsky/1937/02/therm.htm

7. De "La agonía del capitalismo y las tareas de la Cuarta Internacional", en León Trotsky, *El Programa de Transición* (Madrid: Akal Editor, 1977), pp. 36–37.

CAPÍTULO 5

1. De Farrell Dobbs, *Política Teamster* (Pathfinder, 2015) pp. 205–16.

2. De James P. Cannon, *The Founding of the Socialist Workers Party* (La fundación del Partido Socialista de los Trabajadores; Pathfinder, 1982), pp. 403–4, 410–11.

3. De *The Founding of the Socialist Workers Party*, pp. 415–18.

4. De James P. Cannon, *El socialismo en el banquillo de los acusados: Testimonio en el juicio por sedición en Minneapolis* (Pathfinder, 2014), pp. 135–40.

5. De *Los tribunos del pueblo y los sindicatos* (Pathfinder, 2019), pp. 103–05.

6. De León Trotsky, *El Programa de Transición*, pp. 26–29.

CAPÍTULO 6

1. Del semanario socialista *El Militante*, 23 de octubre de 2023.

2. León Trotsky, "On the Jewish Problem" (Sobre la cuestión judía), edición de diciembre de 1945 de la revista *Fourth International*. Accesible en www.themilitant.com/NI/FI45/FI45_12.PDF#page=25&view=FitV,35

3. De Jack Barnes, *Malcolm X, la liberación de los negros y el camino al poder obrero* (Pathfinder, 2010), p. 184.

4. De *Malcolm X, la liberación de los negros y el camino al poder obrero*, p. 19.

5. De *Malcolm X, la liberación de los negros y el camino al poder obrero*, p. 323.

6. De Jack Barnes, Mary-Alice Waters y Steve Clark, *Ya superamos el punto más bajo de la resistencia del pueblo trabajador: El Partido Socialista de los Trabajadores mira hacia adelante* (Pathfinder, 2023), pp. 129–32.

APÉNDICE

1. De *El Militante*, 18 de diciembre de 2023.

GLOSARIO

Beilis, juicio a – Juicio en 1913 contra Menahem Mendel Beilis, un judío en Kyiv acusado falsamente de matar a un niño cristiano. Una campaña de difamación (libelo de sangre) acusó a judíos de usar sangre humana con fines rituales. El jurado exoneró a Beilis.

Belostok – Hoy Bialystok en Polonia, ciudad donde ocurrió el pogromo de 1906, en que decenas de judíos fueron asesinados.

Bonapartista – Un régimen basado en un poder ejecutivo autoritario que se presenta como si estuviera por encima de los antagonismos de clase a fin de mantener en el poder a la capa social dominante.

Bund (Unión General de Trabajadores Judíos) – Activo en Rusia entre 1897 y 1920; se proclamó el único representante político de trabajadores judíos. En el seno del Partido Obrero Socialdemócrata Ruso, propuso una estructura federativa y se opuso a la perspectiva de Lenin y los bolcheviques.

Camisas Plateadas (*Silver Shirts*) – Organización fascista fundada por William Dudley Pelley en 1933. Fomentó el odio antijudío y organizó ataques contra sindicatos durante los años 30.

Centurias Negras – Una liga de latifundistas, campesinos ricos y figuras eclesiásticas y gubernamentales en Rusia, respaldada por el régimen zarista, que asesinó a revolucionarios e instigó pogromos durante y después de la Revolución Rusa de 1905.

Comintern (Internacional Comunista o Tercera Internacional) – Organización mundial de partidos comunistas, fundada en 1919 bajo el liderazgo de Lenin. Alternativa revolucionaria al colaboracionismo de clases de (Segunda) Internacional Socialista.

Cosacos – Soldados de caballería en el ejército zarista, provenientes de capas terratenientes de una etnia en Ucrania y el sur de Rusia. Recibían privilegios especiales por su servicio militar. Llevaban a cabo pogromos antijudíos y ataques contra huelgas y protestas obreras.

Consejo de Comisarios del Pueblo – Principal órgano ejecutivo del gobierno soviético.

Cuarta International – Organización mundial de partidos comunistas fundada en 1938 a iniciativa del dirigente bolchevique León Trotsky. Se hizo necesaria cuando la Tercera Internacional traicionó la perspectiva proletaria internacionalista de Lenin.

Dreyfus, Alfred (1859–1935) – Capitán del ejército francés, judío víctima de un notorio caso amañado antisemita. Acusado en 1894 de espiar para Alemania, fue condenado por traición a prisión perpetua en la colonia penal de la Isla del Diablo. Indultado en 1899 y restituido en 1906 tras campaña mundial en su defensa. El ejército francés no afirmó su inocencia en público sino hasta 1995.

Frente Cristiano – Organización política paramilitar en EEUU, formada en 1938 en respuesta al llamado del padre Charles Coughlin, el "sacerdote radial" antisemita y anticomunista. Organizó ataques y boicots contra tiendas de dueños judíos.

Gordon, Albert (1903–1968) – Rabino en Minneapolis, 1930–46, opositor del fascismo. Tenía un programa semanal de radio.

Hague, Frank (1876–1956) – Alcalde demócrata de Jersey City, 1917–47, muy ligado a la administración Roosevelt. Figura fascista incipiente, en los años 30 utilizó la alcaldía y a policías y matones a sueldo para suprimir sindicatos y perseguir a socialistas y comunistas.

Holocausto – El exterminio sistemático de 6 millones de judíos durante la II Guerra Mundial por Alemania nazi y sus colaboradores. Un 40 por ciento de los 16.6 millones de judíos en el mundo fueron masacrados entre 1941 y 1945, en la "Solución Final de la Cuestión Judía" de Hitler.

Huelgas de brazos caídos, Francia (mayo–junio 1936) – Ola de huelgas y ocupaciones de fábricas que inició período prerrevolucionario, amenazando el dominio capitalista. El Partido Comunista estalinista desmovilizó a los trabajadores en Francia para estabilizar el gobierno capitalista del Frente Popular integrado por el Partido Socialista, el PC y el Partido Radical burgués.

Juicios de Moscú – Juicios amañados orquestados por la burocracia contrarrevolucionaria encabezada por Stalin, 1936–38. Todos los miembros del Buró Político de la época de Lenin fueron arrestados y la mayoría ejecutados. Las excepciones fueron Stalin mismo y León Trotsky, exiliado en 1928 y asesinado en México por la policía secreta de Stalin en 1940.

Kámenev, Lev (1883–1936) – Dirigente del Partido Bolchevique; dirigente en el gobierno soviético después de 1917. Ejecutado durante los juicios amañados de Stalin.

Kristallnacht – Pogromo contra judíos realizado en noviembre de 1938 por fuerzas paramilitares nazis en Alemania y territorios bajo su control. Conocido como "Noche de los cristales rotos" por la destrucción de negocios, sinagogas y hogares judíos. Más de 90 judíos fueron asesinados y 30 mil hombres judíos fueron enviados a campos de concentración.

***Mein Kampf* (Mi lucha)** – Manifiesto político de Adolfo Hitler en 1925 que promovía elementos claves del nazismo: el antisemitismo y planes para un mundo ario. Basado en la publicación antisemita *Protocolos de los sabios de Sión*.

Northwest Organizer – Periódico publicado por el sindicato Teamsters de Minneapolis, 1934–42, como vocero del combativo movimiento obrero en el norte del Medio Oeste. Fue el primer periódico diario de huelga publicado por un sindicato en Estados Unidos.

Nuevo Trato (*New Deal*) – Programa legislativo iniciado en 1933–34 por el presidente Franklin D. Roosevelt, destinado a socavar creciente resistencia obrera y estabilizar el dominio capitalista.

Nuremberg, manifestaciones de – Concentraciones de masas del Partido Nazi, celebradas anualmente, 1933–38. Hitler las usó para lanzar sus diatribas antisemitas.

Oposición de Izquierda – Encabezada por León Trotsky y fundada en 1923, luchó en el seno del Partido Comunista de Rusia y la Internacional Comunista para mantener la trayectoria proletaria internacionalista de Lenin.

Pan-islamismo – Movimiento iniciado a finales de siglo XIX en el Imperio Otomano. Promovía la lucha contra el dominio colonial europeo y norteamericano a fin de reforzar el poder de la nobleza feudal, los latifundistas y el clero.

Partido Bolchevique – ver Partido Obrero Socialdemócrata Ruso

Partido Obrero Socialdemócrata Ruso (POSDR) – Fundado en 1898. En 1903 Lenin y el ala bolchevique trazaron un rumbo como partido independiente con programa revolucionario. Asumió el nombre Partido Comunista de Rusia (bolcheviques) en marzo de 1918.

Partido Socialista de los Trabajadores (Socialist Workers Party) – Partido obrero revolucionario en EEUU. Tiene su origen en el Partido Comunista de EEUU fundado en 1919. Los miembros del PC opuestos a la trayectoria contrarevolucionaria de Stalin fueron expulsados y fundaron la Liga Comunista de América (CLA), 1929. Se fundó como Partido Socialista de los Trabajadores en 1938.

Pelley, William Dudley – Ver Camisas Plateadas.

Protocolos de los sabios de Sión – Falsificación antisemita, creada por la policía secreta zarista, de "actas" de supuestas reuniones secretas de judíos, publicada en 1905. Se usó para alegar la existencia de una "conspiración judía internacional" por el dominio mundial. Muy usada por Hitler y los nazis, también por Hamás.

***Reichstag*, incendio del** – En febrero de 1933 el edificio del parlamento alemán (*Reichstag*) fue incendiado. Los líderes nazis y sus aliados, culpando falsamente a comunistas, suspendieron protecciones constitucionales y empezaron a construir campos de concentración.

República Socialista Federativa Soviética de Rusia (RSFSR) – Establecida en 1917 tras el triunfo de la Revolución Rusa. La RSFSR fue la mayor de cuatro repúblicas que en 1922 formaron la Unión de Repúblicas Socialistas Soviéticas (URSS) como unión voluntaria de naciones en pie de igualdad.

Revolución Española (1936–1939) – En 1936, fuerzas fascistas lanzaron una guerra civil. Ante la creciente crisis capitalista, los trabajadores y campesinos comenzaron a tomar fábricas y tierras. El PC estalinista los desmovilizó para que no fueran obstáculo al gobierno republicano del Frente Popular. La revolución fue derrotada y se impuso un régimen fascista en 1939. Con esta derrota, la II Guerra Mundial fue prácticamente inevitable.

Revolución Rusa de 1905 – Revolución de trabajadores, campesinos y soldados contra el zarismo; comenzó en enero. Los *soviets*, consejos obreros integrados por delegados de fábricas, actuaron como gobierno provisional. El zar Nicolás II creó la Duma, parlamento con poderes limitados, para socavar la revolución. Se intensificaron pogromos respaldados por el régimen zarista durante y después de la revolución.

Stalin, José (1879–1953) – Encabezó contrarrevolución política antileninista en el Partido Comunista de Rusia, el gobierno soviético y la Comintern tras la muerte de Lenin. Rechazó la perspectiva proletaria internacionalista de Lenin.

Tercera Internacional – Ver Comintern.

Termidor – El mes del calendario revolucionario francés (julio de 1794) cuando fuerzas reaccionarias en la burguesía echaron atrás la revolución. Un paralelismo con la trayectoria contrarrevolucionaria dirigida por Stalin en la Unión Soviética.

"Tiro al pavo" (guerra de Iraq de 1991) – Al final de la invasión terrestre de Iraq encabezada por Washington a principios de 1991, el mando militar norteamericano ordenó un bombardeo aéreo contra columnas de tanques y vehículos iraquíes que se replegaban junto con autos, camiones y buses civiles, masacrando a miles de personas. El alto mando estadounidense tildó el ataque como un "tiro al pavo" (*turkey shoot*). En total, fueron masacradas en Iraq unas 150 mil personas durante los dos meses de la guerra.

CRONOLOGÍA

1880–1924 – Más de 2 millones de judíos emigran de Europa Oriental a Europa Occidental, América del Norte y del Sur y otras regiones, atrapados entre las relaciones sociales feudales en decadencia y las relaciones capitalistas en ascenso. Muchos judíos en Rusia zarista huyen de crecientes pogromos y persecuciones.

1894 – Alfred Dreyfus, capitán del ejército francés y judío, condenado por traición a la colonia penal de Isla del Diablo. Una campaña en su defensa puso de relieve el creciente odio antijudío en Europa.

1895 – La guerra hispano-cubano-americana marca inicio de la época imperialista. En la guerra con España los gobernantes norteamericanos se apoderan de Puerto Rico, Filipinas y Guam; toman Cuba como neocolonia. Washington, Londres, París, Berlín, Tokio y Moscú se disputan la repartición de colonias y mercados mundiales.

1898 – Se funda el Partido Obrero Socialdemócrata Ruso (POSDR) como organización política obrera revolucionaria en el imperio zarista.

1903 – El POSDR se divide. Se crea el Partido Bolchevique, abierto a los que aceptan el programa comunista y militan en una unidad del partido; rompe con los mencheviques. El Bund, un grupo de trabajadores judíos, forma un partido aparte.

1905–1911 – Revolución Constitucional en Irán contra la monarquía y la dominación imperialista. En 1911 el régimen disuelve el nuevo parlamento con ayuda de tropas zaristas.

1905 – Revolución popular en Rusia contra régimen zarista. Se forman consejos de trabajadores (soviets) en Petrogrado, con apoyo de soldados y campesinos. El zar concede formación de un parlamento con poca autoridad (Duma).

septiembre – Guerra ruso-japonesa termina con victoria de Tokio imperial.

1906 – Pogromo en Belostok (hoy Bialystok, Polonia) durante segunda ola de masacres organizadas por el zarismo. La policía no toma acción.

1910 – El imperialismo japonés anexa a Corea como colonia.

1911 – Revolucionarios derrocan el dominio imperial de la dinastía Qing, forman República de China burguesa.

1913 – Mendel Beilis, judío ruso, acusado falsamente en Kyiv del asesinato "ritual" de un niño. El jurado se niega a condenarlo.

1914–1918 – Primera guerra imperialista mundial. Unos 40 millones de muertos o heridos.

1914 – Diputados bolcheviques en la Duma zarista proponen ley para abolir todas las restricciones a nacionalidades, incluida la judía.

1915–1916 – Gobierno "reformista" de "Jóvenes Turcos" en el Imperio Otomano desata genocidio de armenios, en que matan entre 650 mil y más de un millón de personas.

1916 – "Alzamiento de Pascua" en Irlanda contra el dominio colonial británico. Fue suprimido, pero allanó el camino para la independencia del sur de Irlanda seis años después.

1917, noviembre (octubre según el calendario ruso) – Insurrección dirigida por los bolcheviques lleva al poder una república de trabajadores y campesinos, tras el derrocamiento del régimen zarista en marzo (febrero). El nuevo gobierno actúa a favor del derecho de naciones oprimidas a la autodeterminación. Lanza batalla exitosa para poner fin a los pogromos.

noviembre – El ministro del exterior británico James Balfour envía carta (Declaración Balfour) a la Federación Sionista Mundial apoyando "la creación en Palestina de un hogar nacional para el pueblo judío".

1918–1920 – Guerra civil en Rusia. Los ex gobernantes capitalistas, con apoyo de 16 estados imperialistas y burgueses, atacan la república soviética y desatan pogromos. Son derrotados por el Ejército Rojo.

1918–1919 – Revolución en Alemania. Trabajadores y soldados derrocan a la monarquía, forman consejos revolucionarios. Son derrotados cuando los dirigentes socialdemócratas ayudan a capitalistas a aplastar a los trabajadores, salvando el régimen burgués.

1919, marzo – Se funda la Internacional Comunista a iniciativa de Lenin y los bolcheviques en Rusia soviética.

septiembre – Se funda el Partido Comunista en EEUU.

1920–1924 – Primeros años del Partido Comunista Palestino; es reconocido por la Internacional Comunista.

1920 – Gobierno británico recibe "Mandato" sobre Palestina. Parte de la repartición del derrotado imperio otomano entre Londres y París, reconfigurando las fronteras y el control de las riquezas en las tierras del Medio Oriente donde vivían árabes, judíos, kurdos y otros pueblos.

1922 – El movimiento fascista de Benito Mussolini asume el gobierno de Italia. Frente a huelgas y ocupaciones de fábricas en 1919–20, que inician situación prerrevolucionaria, los dirigentes del Partido Socialista rehúsan actuar, allanando el camino para los fascistas.

1924 – En EEUU se promulga la Ley de Inmigración, que limita severamente la inmigración de Asia, el Medio Oriente y ciertos países europeos. Frena mucho la inmigración de judíos, entre otros.

1925 – Se publica en Alemania *Mein Kampf* (Mi lucha) de Adolfo Hitler.

1928–1929 – Son expulsados los cuadros del Partido Comunista en EEUU que luchan por continuar la perspectiva proletaria internacionalista de Lenin frente a la de Stalin del "socialismo en un solo país". Fundan la Liga Comunista de América, precursor del Partido Socialista de los Trabajadores.

1928 – Se funda la Hermandad Musulmana en Egipto; la eliminación de los judíos es parte fundamental de su programa.

1929 – La caída de la bolsa de valores en EEUU provoca colapso de la banca y finanzas capitalistas, inicia una década de crisis económica y social en el empleo, la producción y el comercio global: la "Gran Depresión".

1929 – Pogromo en Palestina bajo dominio británico, instigado por Amin al-Husseini, gran muftí de Jerusalén. La Comintern dirigida por Stalin califica el ataque antijudío como una rebelión nacional árabe, fomenta la "arabización" del PC palestino, impone una mayoría árabe en la dirección del partido.

1933–1935 – Leyes nazis excluyen a los judíos de las profesiones, expulsan a los niños judíos de escuelas públicas, despojan de su ciudadanía a los judíos. Las leyes raciales de Nuremberg designan a los judíos como "raza infrahumana". Se organizan los primeros campos de concentración, inicialmente para militantes políticos y sindicales.

1933, enero – Hitler nombrado canciller de Alemania. Los dirigentes del masivo Partido Comunista rehúsan proponer al Partido Socialdemócrata que formen un frente único para defender los sindicatos y partidos obreros. Eso permite que se consolide el represivo régimen nazi.

febrero – El Partido Nazi culpa falsamente a comunistas por el incendio del *Reichstag* (parlamento) alemán y moviliza a escuadrones de terror para aplastar el movimiento obrero.

1934 – Huelgas de los Teamsters convierten a Minneapolis en un baluarte sindical. Victoria sienta bases para sindicalizar a un cuarto de millón de camioneros en el Medio Oeste de EEUU en 1939; se va forjando núcleo de un liderazgo con perspectiva de lucha de clases.

1935 – Se funda el Congreso de Organizaciones Industriales (CIO) tras victoriosas huelgas en 1934 de camioneros en

Minneapolis, obreros automotrices en Toledo y portuarios en San Francisco.

1936–1939 – Revolución y guerra civil en España termina con derrota de la clase trabajadora por fuerzas fascistas.

1936–1939 – Amin al-Husseini y familias terratenientes gobernantes en Palestina aprovechan rebelión contra el dominio británico para lanzar ataques mortíferos contra judíos.

1936–1938 –El régimen de Stalin organiza los juicios amañados de Moscú, una de las medidas contrarrevolucionarias contra la vanguardia proletaria en la Unión Soviética y el movimiento comunista mundial.

1936 – Ascenso revolucionario de trabajadores en Francia. Termina desmovilizado por los partidos Comunista y Socialista, cuyos líderes subordinan la lucha obrera a fin de apoyar al gobierno capitalista del Frente Popular.

1938–1948 – Washington, Londres, y otras potencias imperialistas cierran sus fronteras a los refugiados judíos de Europa.

1938, enero – Se funda el Partido Socialista de los Trabajadores en Estados Unidos. El PST inicia campaña para exigir que Washington abra sus fronteras a refugiados judíos.

agosto–octubre – Sindicalistas en Minneapolis forman Guardia de Defensa Sindical del Local 544, que pone en desbandada a los fascistas Camisas Plateadas que amenazaban con atacar a sindicatos y judíos.

noviembre – *Kristallnacht* (Noche de Cristales Rotos), pogromo organizado por el régimen nazi en Alemania.

1939–1945 – Segunda guerra imperialista mundial, que culmina en agosto de 1945 con el bombardeo atómico norteamericano de Hiroshima y Nagasaki.

1939, febrero – Protesta de 50 mil trabajadores en Nueva York contra mitin pro-nazi de 20 mil personas en Madison Square Garden. Fue convocada por el PST y promovida por sindicalistas y otros trabajadores.

mayo–junio – La administración Roosevelt prohíbe entrada al buque *St. Louis*, que lleva a 900 refugiados judíos alemanes. Obligados a regresar a Europa, más de la cuarta parte fueron asesinados en los años siguientes.

agosto – Pacto Stalin-Hitler. Bajo fachada de un tratado de "no agresión", fuerzas armadas alemanas y soviéticas invaden y se reparten Polonia, dando inicio a la II Guerra Mundial en Europa.

1941–1945 – El Holocausto. El régimen nazi y sus aliados en Europa Central y Oriental exterminan a 6 millones de judíos, casi la mitad de la población judía mundial. Además, aniquilan entre 250 mil y 500 mil romaníes.

1941, noviembre – El gran muftí Amin al-Hussein se reúne con Hitler, acepta propuesta de librar guerra conjunta para eliminar a los judíos.

1943 – Levantamiento del gueto de Varsovia contra persecución nazi, la mayor rebelión de judíos durante la II Guerra Mundial.

1945–1952 – Washington y otras potencia imperialistas vencedoras en la II Guerra Mundial niegan la entrada a más de 250 mil refugiados judíos, relegándolos a "campos de desplazados", principalmente en Alemania, Austria e Italia.

1945–1948 – Bloqueo naval británico intenta impedir que sobrevivientes judíos europeos se refugien en Palestina, incluidos 4,500 pasajeros del buque *Exodus*.

1948 – Comienzan masivos pogromos y expulsiones de judíos en África del Norte y el Medio Oriente, reduciendo la población judía en la región de un millón a apenas 15 mil hoy día. La mayoría se van a Israel.

mayo – Se funda el Estado de Israel. Ejércitos de Egipto, Iraq, Siria, Jordania y Líbano invaden y lanzan guerra para destruir a Israel; son derrotados al final del año.

1949 – Revolución en China. Partido Comunista, con liderazgo estalinista, derroca al régimen respaldado por el imperialismo. Ante amenaza de una invasión norteamericana y de sabotaje por la burguesía nacional, el gobierno expropia a capitalistas en 1951–52.

1950–1953 – Guerra de Corea termina con el fracaso de una brutal invasión y bombardeo norteamericano para ocupar y dominar toda la península de Corea. Después de la guerra, Washington impone división de Corea que aún sigue intacta.

1951–1975 – La mayoría de las colonias africanas se independizan de las potencias imperialistas.

1952 – El régimen de Stalin ejecuta a los dirigentes del Comité Judío Antifascista, establecido en la Unión Soviética durante la II Guerra Mundial.

1953 – "Complot de los médicos" en la Unión Soviética. En un caso amañado antisemita, el régimen encarcela a nueve médicos, seis de ellos judíos, bajo cargos falsos de conspirar para asesinar a dirigentes soviéticos.

julio – Unos 150 revolucionarios bajo el mando de Fidel Castro lanzan asalto insurreccional contra el cuartel Moncada en Santiago de Cuba y la guarnición en Bayamo, iniciando lucha revolucionaria contra la dictadura respaldada por Washington.

1955–1956 – Boicot de autobuses en Montgomery, Alabama. Protestas de decenas de miles de personas ponen fin a la segregación racial en el transporte municipal. Reciben apoyo nacional, iniciando nueva etapa de un movimiento mayormente proletario que ya para 1965 elimina la segregación *Jim Crow* en el sur de Estados Unidos.

1956 – Gobierno de Egipto expropia a los dueños imperialistas del Canal de Suez y lo nacionaliza. Invasión de tropas británicas, francesas e israelíes. Para proteger sus intereses en la región contra sus rivales, Washington ayuda a Egipto a restablecer su soberanía sobre el canal.

1959 – El Ejército Rebelde bajo el mando de Fidel Castro derrota a la dictadura de Fulgencio Batista. La insurrección y huelga general del pueblo trabajador llevan al poder a un gobierno revolucionario en Cuba, abriendo paso a la primera revolución socialista en América.

1960, septiembre – Malcolm X recibe a Fidel Castro en Harlem durante sesión de la Asamblea General de la ONU.

1961 – Washington organiza invasión a Cuba por Playa Girón con 1,500 mercenarios, derrotados en menos de 72 horas por las fuerzas armadas, policía y milicias revolucionarias.

1962, octubre – Trabajadores y agricultores cubanos se movilizan para detener los planes para una invasión norteamericana cuando Washington lleva al mundo al borde de un conflicto nuclear en la "crisis de misiles".

1963, abril–mayo – En la "Batalla de Birmingham", luchadores por los derechos de los negros en Alabama hacen marchas y resisten ataques de la policía. Las protestas fueron un hito en la lucha por el derecho al voto y otras protecciones federales de derechos civiles.

1964 – Washington fabrica incidente naval en el Golfo de Tonkín de Vietnam como pretexto para intensificar su guerra contra la lucha del pueblo vietnamita por la reunificación y soberanía nacional. El número de tropas norteamericanas aumenta: de 23 mil hasta medio millón en 1968.

1967, junio – Guerra de los Seis Días. El ejército israelí derrota a ejércitos de Egipto, Jordania y Siria, y ocupa la península del Sinaí, Gaza, Cisjordania y los Altos del Golán.

1972 – El grupo palestino Septiembre Negro masacra a 11 miembros del equipo olímpico israelí en Munich, Alemania.

1973 – Guerra de Yom Kipur. Ejércitos de Egipto, Siria y otros estados árabes atacan a Israel; son derrotados.

1974–1975 – Primera recesión económica internacional posterior a la II Guerra Mundial, con estallidos de inflación global hasta mediados de los años 80.

1974 – Golpe militar en Portugal derroca a dictadura que había durado décadas. Avances de lucha independentista en las colonias africanas de Lisboa (Angola, Cabo Verde, Guinea-Bissau, Mozambique) son decisivos para la caída del régimen.

1975–1988 – Angola, recién independizada, hace llamado mundial de ayuda para repeler agresión del régimen del apartheid en Sudáfrica. Cuba envía a combatientes voluntarios que ayudan a combatir la invasión. En 1988, los cubanos y angolanos derrotan el último ataque sudafricano en la batalla de Cuito Cuanavale.

1975, abril – Fuerzas norteamericanas abandonan Saigón (hoy Ciudad Ho Chi Minh). Los combatientes vietnamitas triunfan en dura batalla por la liberación y unificación nacional.

1979–1982 – Israel devuelve el Sinaí a Egipto. El Cairo es el primer gobierno árabe en reconocer a Israel, seguido en 1994 por Jordania.

1979, febrero – Profunda revolución popular en Irán derroca al sha, régimen apoyado por Washington. Ya para 1983 el régimen clerical-burgués consolida su contrarrevolución.

marzo – En la isla caribeña de Granada, el pueblo trabajador, dirigido por Maurice Bishop, derroca a dictadura respaldada por Washington y forma un gobierno de trabajadores y agricultores.

julio – En Nicaragua, el Frente Sandinista de Liberación Nacional derroca la dictadura de Somoza y lleva al poder un gobierno de trabajadores y campesinos.

1982 – Durante la guerra civil y operaciones militares israelíes en Líbano, el gobierno iraní crea Hezbolá, una reaccionaria milicia y organización política.

1987–1993 – Sostenidas protestas de palestinos, conocidas como la "primera intifada", contra la ocupación israelí de Cisjordania y Gaza.

1987–1988 – La Hermandad Musulmana en Gaza funda Hamás, cuya carta fundacional exhorta a "Matar a los judíos".

1988 – En la "Operación Anfal", el régimen de Saddam Hussein masacra a unos 100 mil kurdos y desaloja a miles más en Iraq, parte de su fallido intento de "arabizar" el norte del país.

1989–1991– Colapso de regímenes estalinistas en la Unión Soviética y Europa Central y Oriental.

1990–1991 – Régimen iraquí de Saddam Hussein invade Kuwait. Empieza la Guerra del Golfo contra Iraq, encabezada por Washington.

1992, marzo – Coche-bomba destruye embajada de Israel en Buenos Aires. Hezbolá se responsabiliza del atentado, que deja a 29 personas muertas y más de 250 heridas.

mayo – Se establece el Gobierno Regional Kurdo como región autónoma de Iraq, con su propio ejército, parlamento y poderes administrativos limitados.

1994, abril – Nelson Mandela elegido presidente de Sudáfrica en las primeras elecciones abiertas a personas de todos los colores de piel. La victoria de los combatientes angolanos y cubanos contra el ejército sudafricano fue decisivo en la lucha para derrocar el apartheid.

julio – Terroristas vinculados a Hezbolá y al gobierno iraní realizan atentado con coche-bomba contra centro comunitario judío de Buenos Aires, dejando saldo de 87 muertos y más de 100 heridos.

2000–2005 – La "segunda intifada". Dirigentes de Hamás, Yihad Islámica y Fatah convierten protestas en Cisjordania y Gaza en una campaña de atentados suicidas con bombas y otros ataques mortíferos contra autobuses y otros objetivos civiles israelíes.

2001, septiembre – Grupo islamista Al Qaeda estrella aviones secuestrados contra Torres Gemelas en Nueva York y el Pentágono. Mueren unas tres mil personas.

2001–2021 – Washington inicia guerra en Afganistán contra régimen de los talibanes, que había acogido a los organizadores del atentado de Al Qaeda del 11 de septiembre. La guerra se libra durante 20 años bajo cuatro administraciones.

La administración Biden se retira derrotada en 2021. Habían muerto 50 mil afganos y huido millones de civiles del país.

2003 – Washington invade Iraq y derroca al régimen de Saddam Hussein.

2005 – Inicio de la campaña internacional "Boicot, Desinversión, Sanciones", dirigida contra intercambios académicos, culturales y comerciales con judíos en Israel.

2005 – El gobierno israelí retira su administración y sus asentamientos de la Franja de Gaza.

2006–2007 – En elecciones legislativas en Gaza tras la retirada israelí, Hamás derrota a Fatah. Hamás derroca a la Autoridad Palestina controlada por Fatah y desata escuadrones de la muerte contra Fatah, otros opositores políticos y sindicalistas.

2007–2008 – Crisis financiera mundial, la recesión económica más profunda desde la Gran Depresión de los años 30.

2011–2015 – Régimen de Bashar al-Assad en Siria, respaldado por Teherán y Moscú, aplasta rebelión popular. En la guerra civil que le sigue, mueren 300 mil personas y 6.8 millones huyen de Siria.

2014–2018 – Washington crea coalición militar para combatir a ISIS/Estado Islámico, grupo terrorista que logra extensas conquistas territoriales en Iraq y Siria. ISIS es derrotado en 2018, en gran parte por fuerzas terrestres kurdas con apoyo aéreo, financiero y logístico de la coalición.

2017–2022 – Miles salen a las calles de Irán en sucesivas olas de protestas contra la agresión militar del régimen en el Medio Oriente, las condiciones sociales, la represión policial y la opresión de la mujer.

2019–2021 – Pandemia de COVID-19. Acelerada contracción económica global de producción y comercio capitalista.

2020–2021 – En los Acuerdos de Abraham, los gobiernos de Baréin, Emiratos Árabes Unidos, Marruecos y Sudán establecen relaciones diplomáticas con Israel.

2022, febrero – Régimen de Putin en Moscú invade Ucrania. El pueblo trabajador ucraniano responde defendiendo su independencia y autodeterminación nacional.

2023, octubre – Fuerzas dirigidas por Hamás, con respaldo de Teherán, cometen masacre de judíos en Israel, el ataque más mortífero desde el Holocausto nazi de la II Guerra Mundial.

ÍNDICE

CONTINUIDAD Y PROGRAMA COMUNISTA

Ya superamos el punto más bajo de la resistencia del pueblo trabajador

El Partido Socialista de los Trabajadores mira hacia adelante

JACK BARNES, MARY-ALICE WATERS
STEVE CLARK

El orden global impuesto por Washington tras su victoria en la Segunda Guerra Mundial se está desmoronando. Se acabó el largo repliegue de la clase obrera y los sindicatos. Los patrones y su gobierno aumentan sus ataques a nuestros salarios, condiciones y derechos constitucionales. Este libro destaca las oportunidades para forjar un partido obrero de masas capaz de dirigir una lucha que ponga fin al dominio capitalista y abra paso a un futuro socialista para la humanidad. US$10. También en inglés y francés.

Malcolm X, la liberación de los negros y el camino al poder obrero

JACK BARNES

El poder estatal conquistado por una vanguardia de la clase trabajadora es el arma más poderosa que los trabajadores pueden empuñar contra el racismo y la opresión de los negros, así como contra el odio a los judíos y toda forma de degradación humana heredada de la sociedad de clases. US$20. También en inglés, francés, persa, árabe y griego.

¿Son ricos porque son inteligentes?

Clase, privilegio y aprendizaje en el capitalismo

JACK BARNES

Expone las crecientes desigualdades de clase en EEUU y las justificaciones de las capas profesionales bien remuneradas que creen que su "brillantez" las califica para "regular" a los trabajadores, quienes supuestamente no sabemos lo que nos conviene. US$10. También en inglés, francés, persa y árabe.

La última lucha de Lenin

Discursos y escritos, 1922–23

V.I. LENIN

En 1922 y 1923, V.I. Lenin, dirigente central de la primera revolución socialista, libró su última batalla política, lucha que tras su muerte se perdió. Lo que estaba en juego era si esa revolución, y el movimiento comunista internacional que ésta dirigía, mantendría el curso proletario que había llevado al poder a los trabajadores y campesinos en octubre de 1917. US$17. También en inglés, persa y griego.

The Transitional Program for Socialist Revolution

(El programa de transición para la revolución socialista)

LEÓN TROTSKY

El programa del Partido Socialista de los Trabajadores, redactado por Trotsky en 1938, sigue guiando al PST y a comunistas por todo el mundo. El partido "combate intransigentemente a todas las agrupaciones políticas que están atadas a las faldas de la burguesía. Su tarea: la abolición del dominio capitalista. Su objetivo: el socialismo. Su método: la revolución proletaria". En inglés y persa. US$17

The Third International after Lenin

(La Tercera Internacional después de Lenin)

LEÓN TROTSKY

León Trotsky defiende en 1928 la trayectoria marxista que había guiado a la Internacional Comunista en sus primeros años. Escribiendo al calor de la batalla política, Trotsky aborda el principal reto para el pueblo trabajador hoy: forjar partidos comunistas en todo el mundo, capaces de dirigir a los trabajadores y agricultores hacia la toma del poder. En inglés y persa. US$20

Las luchas del sindicato Teamsters

FARRELL DOBBS

Cuatro libros sobre las huelgas, luchas de sindicalización y campañas políticas que transformaron a los Teamsters en los años 30 en un combativo movimiento sindical industrial.

Farrell Dobbs fue organizador de estas batallas sindicales y dirigente del Partido Socialista de los Trabajadores.

Una herramienta para trabajadores que quieren usar la fuerza sindical en los centros laborales e impulsar la lucha por un partido obrero independiente. US$16 cada tomo, US$50 los cuatro. También en inglés. *Rebelión Teamster* además existe en francés, persa y griego.

En defensa del marxismo

Contra la oposición pequeñoburguesa en el Partido Socialista de los Trabajadores

LEÓN TROTSKY

Una respuesta a aquellos en el movimiento obrero revolucionario a fines de los años 30 que claudicaron ante el patriotismo burgués cuando Washington se aprestaba a ingresar a la Segunda Guerra Mundial. Trotsky explica que solo un partido que luche por integrar a trabajadores a sus filas y dirección podrá mantener un rumbo comunista. Trotsky defiende las bases materialistas y dialécticas del marxismo. US$17. También en inglés.

La lucha por un partido proletario

JAMES P. CANNON

"Los trabajadores de Estados Unidos tienen fuerza suficiente para tumbar la estructura del capitalismo aquí en este país y para alzar con ellos al mundo entero cuando se levanten". US$8. También en inglés y persa.

FORJANDO UN PARTIDO REVOLUCIONARIO DE TRABAJADORES

El viraje a la industria: Forjando un partido proletario

JACK BARNES

Un libro sobre el programa, la composición y el curso de conducta proletario del único tipo de partido digno del nombre de "revolucionario" en la época imperialista. Un partido que reconozca el hecho más revolucionario de esta época: la capacidad del pueblo trabajador de cambiar la sociedad cuando nos organizamos y actuamos contra la clase capitalista. Trata sobre la construcción de ese partido en Estados Unidos y otros países capitalistas. US$15. También en inglés, francés y griego.

Los tribunos del pueblo y los sindicatos

CARLOS MARX, V.I. LENIN, LEÓN TROTSKY
FARRELL DOBBS, JACK BARNES

Un tribuno del pueblo utiliza cada ejemplo de opresión capitalista para explicar por qué los trabajadores, en las batallas de clases, romperán con los partidos patronales, organizarán una lucha revolucionaria por el poder estatal y sentarán las bases para un mundo socialista de solidaridad humana. US$12. También en inglés, francés, persa y griego.

El socialismo en el banquillo de los acusados

Testimonio en el juicio por sedición en Minneapolis

JAMES P. CANNON

El programa revolucionario de la clase trabajadora, presentado en respuesta a cargos fabricados de "conspiración sediciosa" en 1941, en vísperas del ingreso de Washington a la Segunda Guerra Mundial. Los acusados eran dirigentes del movimiento obrero en Minneapolis y del Partido Socialista de los Trabajadores. US$15. También en inglés, francés y persa.

Revolutionary Continuity

Marxist Leadership in the U.S.

(Continuidad revolucionaria: Liderazgo marxista en EEUU)

Los primeros años, 1848–1917

Nacimiento del movimiento comunista, 1918–1922

FARRELL DOBBS

"Generaciones sucesivas de revolucionarios proletarios han participado en los movimientos de la clase trabajadora y sus aliados… Los marxistas de hoy no solo debemos rendirles homenaje por sus acciones. Tenemos el deber de aprender de lo que hicieron mal y lo que hicieron bien para no repetir sus errores". —*Farrell Dobbs*. Dos tomos en inglés, US$17 cada uno.

La historia del trotskismo americano, 1928–38

Informe de un partícipe

JAMES P. CANNON

"El trotskismo no es un nuevo movimiento, una nueva doctrina, sino la restauración, el renacimiento del marxismo genuino tal como se expuso y se practicó en la Revolución Rusa y en los primeros días de la Internacional Comunista", dice Cannon, dirigente fundador del movimiento comunista en EEUU. US$17. También en inglés y francés.

El Manifiesto Comunista

CARLOS MARX Y FEDERICO ENGELS

El comunismo, según explican los dirigentes fundadores del movimiento obrero revolucionario, no es un conjunto de ideas o "principios" preconcebidos sino el camino de la clase obrera hacia el poder, que surge de un "movimiento que se desarrolla ante nuestros ojos". US$5. También en inglés, francés, persa y árabe.

LA REVOLUCIÓN SOCIALISTA CUBANA

¡Nueva edición!

Che Guevara sobre economía y política en la transición al socialismo

CARLOS TABLADA

Es esencial que el pueblo trabajador tome el poder estatal, dijo Ernesto Che Guevara. "Después viene la segunda etapa, quizás más difícil que la anterior", la transición desde el capitalismo y sus valores despiadados hacia el socialismo. Esto incluye pasar del trabajo como condición obligatoria para la supervivencia, hacia el trabajo social voluntario a través del cual expresamos nuestra humanidad común. Incluye el discurso de Fidel Castro de 1987 "Las ideas del Che son de una vigencia absoluta". Nueva edición con selecciones ampliadas de los escritos de Guevara. US$17. También en inglés y próximamente en francés.

Cuba y la revolución norteamericana que viene

JACK BARNES

Un libro sobre el ejemplo del pueblo cubano: que una revolución socialista no solo es necesaria sino es posible. Sobre las luchas del pueblo trabajador y los jóvenes atraídos a ellas en Estados Unidos, donde hoy las fuerzas gobernantes descartan las capacidades revolucionarias de los trabajadores tanto como descartaron las del pueblo cubano. Y de forma igualmente errada. US$10. También en inglés, francés y persa.

Las mujeres en Cuba: Haciendo una revolución dentro de la revolución

VILMA ESPÍN, ASELA DE LOS SANTOS, YOLANDA FERRER

La integración de las mujeres a las filas y dirección de la Revolución Cubana fue parte inseparable de la trayectoria proletaria de esta desde el principio. Esta es la historia de esa revolución y cómo transformó a las mujeres y los hombres que la hicieron. US$17. También en inglés, persa y griego.

LA CLASE TRABAJADORA Y LA LUCHA CONTRA EL ODIO ANTIJUDÍO

La cuestión judía

Una interpretación marxista

ABRAM LEON

La batalla contra las fuerzas reaccionarias que buscan exterminar a los judíos sigue siendo crucial en la política mundial, como lo demostró el pogromo genocida en octubre de 2023 en Israel. ¿Por qué sigue resurgiendo el odio antijudío? ¿Cuáles son sus raíces de clase? ¿Por qué, como explica Abram Leon, no hay solución "independientemente de la revolución proletaria mundial"? Con una traducción revisada, nueva introducción y 40 páginas de ilustraciones y mapas. US$17. También en inglés y francés.

La lucha contra el fascismo

El proletariado y la revolución

LEÓN TROTSKY

Aplicando lecciones de su experiencia como dirigente de la Internacional Comunista en tiempos de Lenin, Trotsky explica el origen y carácter de clase del fascismo en Europa en los años 30. Rescatando esa continuidad —frente a las traiciones de Stalin que allanaron el camino para Hitler— Trotsky presenta una estrategia proletaria para combatir a los fascistas y derrotarlos. US$20

Su Trotsky y el nuestro

JACK BARNES

Para dirigir a la clase trabajadora en una revolución, se requiere un partido proletario de masas cuyos cuadros desde mucho antes han asimilado un programa comunista, son proletarios en su vida y su trabajo, derivan una profunda satisfacción de su actividad política y han desarrollado un agudo sentido de lo próximo que toca hacer. US$12. También en inglés, francés y persa.

Nueva Internacional

UNA REVISTA DE POLÍTICA Y TEORÍA MARXISTAS

NUEVA INTERNACIONAL Nº. 1

Los cañonazos iniciales de la Tercera Guerra Mundial: El ataque de Washington contra Iraq

JACK BARNES

El ataque asesino contra Iraq en 1990–91 anunció crecientes conflictos entre las potencias imperialistas, una mayor inestabilidad del capitalismo y más guerras. También incluye: **1945: Cuando las tropas norteamericanas dijeron '¡No!'** por Mary-Alice Waters. US$14. También en inglés, francés y persa.

NUEVA INTERNACIONAL Nº. 6

Ha comenzado el invierno largo y caliente del capitalismo

JACK BARNES

Explica que la crisis capitalista global de hoy es la etapa inicial de décadas de convulsiones económicas, financieras y sociales y de batallas de clases. Los trabajadores con conciencia de clase necesitamos trazar un curso revolucionario para afrontar esta coyuntura histórica del imperialismo. US$14. También en inglés, francés, persa, árabe y griego.

NUEVA INTERNACIONAL Nº. 5

El imperialismo norteamericano ha perdido la Guerra Fría

JACK BARNES

El colapso de los regímenes en la URSS y Europa Oriental, que falsamente se autodenominaban comunistas, no significó la derrota de los trabajadores y agricultores en esos países. En los actuales conflictos y guerras capitalistas, ellos se han sumado a trabajadores en otras partes del mundo en la lucha contra la explotación. US$14. También en inglés, francés, persa y griego.

AMPLÍE SU BIBLIOTECA REVOLUCIONARIA

El trabajo, la naturaleza y la evolución de la humanidad

La visión larga de la historia

FEDERICO ENGELS, CARLOS MARX
GEORGE NOVACK
MARY-ALICE WATERS

Sin comprender que el trabajo social, al transformar la naturaleza, ha impulsado la evolución de la humanidad durante millones de años, los trabajadores no podremos ver más allá de la época capitalista de explotación de clases que deforma todas las relaciones, ideas y valores humanos. Solo la conquista revolucionaria del poder estatal por la clase trabajadora podrá abrir la puerta a un mundo libre de la explotación capitalista, degradación de la naturaleza, subyugación de la mujer, racismo y guerras. A un mundo basado en la solidaridad humana. Un mundo socialista. US$12. También en inglés y francés.

Malcolm X habla a la juventud

"La joven generación de blancos, negros, morenos y demás: ustedes viven en tiempos de revolución", dijo Malcolm X en diciembre de 1964. "Yo me sumaré a quien sea, no me importa de qué color seas, siempre que quieras cambiar la situación miserable que existe en este mundo". Cuatro charlas y entrevistas que Malcolm dio en los últimos meses de su vida. US$12. También en inglés, francés, persa y griego.

Los cosméticos, las modas y la explotación de la mujer

JOSEPH HANSEN, EVELYN REED, MARY-ALICE WATERS

Explica cómo los capitalistas refuerzan la posición de segunda clase de la mujer para extraer ganancias. De dónde proviene la opresión de la mujer. Y cómo la integración de millones de mujeres a la fuerza laboral fortalece la batalla por su emancipación. US$12. También en inglés, persa y griego.

¿Es posible una revolución socialista en Estados Unidos?

Un debate necesario entre el pueblo trabajador

MARY-ALICE WATERS

Un rotundo "sí" es la respuesta que se presenta aquí. Posible, pero no inevitable. Eso depende de lo que haga el pueblo trabajador. US$7. También en inglés, francés y persa.

Somos herederos de las revoluciones del mundo

Discursos de la revolución de Burkina Faso, 1983–87

THOMAS SANKARA

Los campesinos y trabajadores en este país de África Occidental crearon un gobierno popular revolucionario y comenzaron a combatir el hambre, el analfabetismo y el atraso económico impuestos por la dominación imperialista, así como la opresión de la mujer heredada de la sociedad de clases desde hace milenios. Cinco discursos del dirigente de esta revolución. US$10. También en inglés, francés y persa.

50 años de operaciones encubiertas en EE.UU.

La policía política de Washington y la clase obrera norteamericana

LARRY SEIGLE, FARRELL DOBBS
STEVE CLARK

Cómo los trabajadores con conciencia de clase han luchado contra los esfuerzos por expandir el "estado de seguridad nacional" que es esencial para mantener el dominio capitalista. US$10. También en inglés y persa.

La revolución granadina, 1979–83

Discursos de Maurice Bishop y Fidel Castro

El triunfo en 1979 de la revolución en la isla caribeña de Granada tuvo "importancia para todas las luchas alrededor del mundo" dijo Bishop, su dirigente central. Valiosas lecciones del gobierno de trabajadores y agricultores derrocado en 1983 mediante un golpe de estado estalinista. Contiene discurso de Castro ante más de un millón de personas en La Habana tras la invasión norteamericana que siguió al derrocamiento de la revolución. US$10

El imperialismo, fase superior del capitalismo

V.I. LENIN

"Espero que mi folleto ayude al lector a orientarse en el problema económico fundamental: la esencia económica del imperialismo", escribió Lenin en 1917. Sin estudiar eso "es imposible comprender y emitir un juicio sobre la guerra y la política moderna". US$5. También en inglés, persa y griego.

Libros de Pathfinder **accesibles en formato e-book** para personas no videntes, de baja visión o con otros retos para leer libros impresos.

Para obtener una lista de libros disponibles, visite: pathfinderpress.com/collection/books-for-the-blind.

Para inscribirse, visite bookshare.org.